企业数字化
转型指南

场景分析+IT实施+组织变革

A GUIDE TO ENTERPRISE DIGITAL TRANSFORMATION

喻旭　著

清华大学出版社
北京

本书封面贴有清华大学出版社防伪标签，无标签者不得销售。
版权所有，侵权必究。举报：010-62782989，beiqinquan@tup.tsinghua.edu.cn。

图书在版编目（CIP）数据

企业数字化转型指南：场景分析+IT实施+组织变革/喻旭著.—北京：清华大学出版社，2021.4（2022.12重印）
ISBN 978-7-302-57723-2

Ⅰ.①企… Ⅱ.①喻… Ⅲ.①数字技术－应用－企业管理 Ⅳ.① F272.7

中国版本图书馆 CIP 数据核字（2021）第 050113 号

责任编辑：顾　强
封面设计：周　洋
版式设计：方加青
责任校对：王荣静
责任印制：刘海龙

出版发行：清华大学出版社
　　　　　网　　址：http://www.tup.com.cn，http://www.wqbook.com
　　　　　地　　址：北京清华大学学研大厦A座　　邮　　编：100084
　　　　　社 总 机：010-83470000　　邮　　购：010-62786544
　　　　　投稿与读者服务：010-62776969，c-service@tup.tsinghua.edu.cn
　　　　　质 量 反 馈：010-62772015，zhiliang@tup.tsinghua.edu.cn
印 装 者：三河市东方印刷有限公司
经　　销：全国新华书店
开　　本：148mm×210mm　　印　　张：9.125　　字　　数：209 千字
版　　次：2021 年 5 月第 1 版　　印　　次：2022 年 12 月第 5 次印刷
定　　价：79.00 元

产品编号：089485-01

‖ 推荐序 ‖

零售企业的数字化转型,为什么见效那么慢?

既然那么慢,为什么诸多零售企业依然在荆棘中前行?

数字化零售是近两年十分火热的一个话题,纵观我们身边耳熟能详的零售品牌,它们纷纷推出了小程序业务,或是用以实现会员招募的会员小程序,或是用以品牌营销的品牌小程序,再或是实现线上线下经营一体化的云店小程序。

无论形式为何,从零售企业面向消费者正式推出小程序业务的那一刻起,就意味着"消费者经营"已成为零售企业重要的经营战略。"拥抱数字化趋势、组建数字化经营团队、构建数字化业务蓝图、打造数字化经营能力、沉淀数字化资产"等一系列围绕"消费者体验提升"而制订的业务地图正式落地零售企业乃至其各大合作渠道。至此,一场以用户增长来驱动的企业增长创新实验正式拉开序幕。

发出"消费者经营"宣告的零售品牌商不在少数,但在启动后取得预期成果的却为数不多。

微盟自2018年起,有幸见证和参与了梦洁、林清轩、联想、巴拉巴拉、鄂尔多斯、内外、地素、劲霸、雅迪等国内外近300家知名零售企业的数字化转型。我们十分清晰地感受到这些企业在数字化转型战略上的坚定,更是看到和体会到"数字化转型"在零售企业落地的艰难。

企业数字化转型指南：场景分析＋IT实施＋组织变革

零售企业着手数字化转型，第一步需要获取到数字化消费者。零售企业最多的、最有价值的消费者在哪里？答案必然是门店。那么如何让门店、店员乃至合作伙伴（代理、加盟商）的实体渠道都可以参与到这基础步骤的共建中？同时，又如何让消费者愿意接受企业的"邀请"成为其粉丝或会员呢？

当企业开始拥有"数字化消费者"，和消费者的互动方式彻底打破了门店空间、营业时间的限制后，第二个问题出现了：企业应该如何在传统零售服务体系之上建立一套可持续连接消费者，让消费者产生良好品牌认知和服务体验，但又使其不受打扰的全渠道数字化服务体系呢？同时这套全新的未来服务体系又该如何渗透和标准化到企业任何一个终端零售组织中呢？

零售企业的数字化服务体系建立后，面对终端渠道多年存在"会员体系差异化、商品及定价差异化、售后服务规范差异化"的现状，又该推出怎样的渠道合作政策、业务作业规范，让消费者从内心认可"线上线下无差异，可随需选择"的一致化保障呢？

当一切顺利，终于完成了数字化全渠道建设，企业拥有了海量可连接、可洞察的数字化消费者及宝贵的消费者全渠道数据后，这些数据如何转换为有商业价值的资产，并且可以快速作用于经营增长？

以上这些问题是任何一个零售企业在数字化转型时都要逐一面对和解决的。微盟作为中国领先的数字化经营服务商，已经把服务过程中所积累的领先性和实战性的经验沉淀在"微盟智慧零售解决方案"中，供更多想要进行数字化转型的零售企业进行业务基础建设。但系统的价值必然是在企业有了确定性的业务蓝图和落地规划后才能发挥。因此，我们十分欣喜地得知喻旭老师当下推出了

推荐序

《企业数字化转型指南：场景分析+IT实施+组织变革》这本具备极度实践参考价值的书，让已经践行数字化转型或尚在犹豫的零售企业可以真实和完整地看到数字化零售在零售企业的落地全貌。同时，我们在和喻旭老师合作的过程中，也十分敬佩喻旭老师的求真求细精神，他对数字化转型已取得卓越成绩的国内零售企业进行了一次次求证和深挖。

"用户+数据"与"渠道+商品"已并驾齐驱成为零售企业的核心竞争力，并将成为零售企业屹立未来商业最为重要的"零售力"。而未来商业也将随着移动互联网的发展、年轻消费者的登场、乡镇消费力的崛起，跟如今的商业呈现出完全不同的形态。祝愿每一家零售企业都可以借助数字化的力量为零售插上数据的翅膀，造就企业独一无二的数字化零售力，创造出占领消费者认知高地的年轻化品牌。

凌芸

微盟集团副总裁

2020年12月27日

自　　序

以书布施，因书结缘。2018年12月，我的《新零售落地画布——实施方法、工具和指南》一书出版，在收获大量读者的同时，也让我结识了阿里云、京东云、微盟集团、云徙科技、金蝶软件等实实在在促进中国企业数字化转型的企业朋友们。这些企业有的将此书作为员工学习教材，有的邀请我参与项目实践和顾问指导工作……因为它们，书中的方法论"画布模型"进一步得到实践和验证，也让我看到模型中存在的不足和可优化空间。

同时，借助清华大学出版社与全国高校的合作，此书也得以进入众多高校的图书馆，并在课堂上作为辅导教材使用，促进了院校教学与社会实践之间的衔接。特别感谢它们，给我这样一个机会，为中国企业转型升级贡献一丝力量。

转眼间，一年过去了，在项目实践过程以及与企业家们的交流中，我也渐渐感到原来的方法模型已不能完全适应新的市场环境。这一年里，各企业凭借百折不挠、敢于试错的韧劲，尝试了大量的创新打法，并获得成功。比如社交零售正式进入主流人群与企业的视野，在"广告埋点，精准推送"为主流的时代，出现了"全网裂变、人人推荐"的创新玩法；2020年的新冠肺炎疫情令传统门店的经营遭遇巨大挑战，而那些拥抱了数字化的企业快速反应，借助社群直播、社区拼团，获得了大量收益，一时间，直播和拼团成为新的消费场景，引发全民关注。"私域流量池"的搭建，是企业从"增量时代"迈入"存量时代"的一个重要标志,各企业纷纷开始搭建自己的"流量池"。

  此时,我不仅惊讶于网络时代的快速变化,感叹中国企业家的创新精神,而且开始反思,作为知识的传播者,为什么没能早些预见呢?我思考的答案是:我们过去的眼里只有"大企业""标杆企业",过多关注于它们的最佳实践,而忽略了小微企业。

  创新是从"地上长出来的",大量的商业创新其实来自于那些不被关注的小微企业。在大中型企业的竞争压力下,它们没有天生的资源和优势,必须具备更加敏锐的市场嗅觉,及时感知市场细微变化,另辟蹊径、快速创新,谋求最小投入与最大产出。这种生存压力,是生与死的压力,是"背水一战"的压力,也是催生它们创新的动力来源。如果说,生存压力是小微企业持续创新的"外因",那么"顽强活着"则是让它们持续创新的"内因"。这个"顽强活着"有个好听的名字,叫作"连续创业"。一个"连续创业"的朋友告诉我:"要把创业当作一种职业,把起起伏伏的创业经历当作一种习惯。"我想,这正是对小微企业生存的真实写照,正是这些"无人知道的小草"带来了"野火烧不尽,春风吹又生"的创新局面。

  所以,要想创新你的玩法,要"多去地里看看",多和小微企业交流,它们会告诉你从没听过的东西,甚至是"偏方"。比如2019年很火的京东"芬香计划"。该计划借助个人的社交资源,拉人建群,达到一定规模后,就可以申请一个机器人到群里。机器人定时发送京东的购物商品链接,产生交易,社群发起人在交易中抽成。其实,这种模式,我早在2016年就在一家小型创业公司里见过。当时令我惊讶的是,这种模式无须人员参与。从建群、拉人入群,到定时发送商品链接的过程都是由机器人完成,那时,机器

自　序

人发的是"淘宝客"链接，销售佣金抽成。当时，这家公司确实赚到了钱，当然，当时看来，它的打法有些"非主流"，甚至部分环节有些反常规，但还是那句话，哪个创新没经历过"非主流"阶段呢！后来随着模仿的人越来越多，这家公司快速调整，又改换了新赛道。可见，很多创新的玩法都是从"地里"出来的，我们要多到"地里"走走。

还有另一层发现，企业在开展新零售或者实施数字化转型中，会遭遇大量的问题，表现为以下几个方面。

（1）认知问题：有的企业理解的是做场直播就是数字化，有的理解的是在网上做场活动为线下导流就是数字化，它们将数字化理解为带货的渠道。

（2）落地问题：这个问题来自于组织内部。企业不缺钱，也有转型的决心，但始终执行不下去。由于部门间的阻挠，以及合作渠道、经销商的不配合，好的方案无法由上往下传导执行。

（3）执行问题：谁来执行数字化转型呢？按照过去企业管理信息化的经验，企业会找到IT部门来负责，于是做成了"一堆IT工具的集合"。钱花了，大量功能闲置，也难以对公司的业务起到支持作用。

面对以上问题，我再次萌生了写书的想法，并将想法与我老东家——易观国际，合作伙伴——微盟集团、清华大学出版社进行沟通，它们都表示赞同与支持。这里，非常感谢它们使本书得以出版！

本书的定位

本书历时半年完成，中间经历过一次大的调整。起先，本书定位于讲解数字化的营销，思考再三，最终推翻原先内容。笔锋一转，把内容重新定位于"如何转型"，重点关注与企业转型相关的组织、流程、IT 等问题。"数字化转型"关系到公司发展战略，涉及公司经营思维、经营模式、组织协同、IT 信息的全局改变，是公司可持续发展的变革"抓手"，值得公司上上下下去重视与学习。本书以这个视角切入，相信能为企业带来实质性的帮助。

另外，本书内容力求原理性、系统性、先进性、实用性，希望能够解释清楚每个问题或现象背后的抽象原理，并且有据可依、有源可查，而不是盲目臆断；能够系统性阐述问题的解决方法，且方法必须与时俱进；能够提供工具化的表格与流程，让企业快速上手。

当然，坚持这个定位也有自身原因，因为笔者在这个领域工作 17 年，积累了一定的项目经验，从 IT 建设到互联网运营，再到数字化咨询，这些经验能够提供大量素材。

本书的内容

关于企业数字化转型的话题说来已久。从 2000 年的信息化、2008 年的电商、2015 年的"互联网+"、2016 年的新零售，再到数字化转型，各种概念、各种内容充斥着我们的生活空间。可以说，互联网时代没有找不到的内容。但内容过剩反而让人容易混淆和产生误解。很多人将数字化理解为一个卖货的渠道，或者理解为公司信息化的过程，而关于"如何做数字化转型"的内容却是少之又少。企业的理解偏差和转型方法缺失的原因，很多都是由外界内容宣传者或者教育者自身的理解偏差造成的。具体表现为以下三类。

（1）以综合视角切入。企业能了解到数字化的过去和现在，以及数字化的全视图。这类文章的作者往往是第三方观察者，实战经验缺失。他们偏重讲"为什么"和"是什么"，而没有换位到企业角度，给出具体如何解决问题的答案。

（2）以 IT 视角切入。数字化转型的内容从 IT 实施的角度进行阐述，将数字化理解为一堆 IT 工具的集合，让人误解为"企业做数字化，就要上 IT 系统"。这类文章的作者，往往是 IT 顾问或 IT 实施出身，其内容创作的视角，源于他们 IT 项目的实施经验。这些内容，对于很多小微企业的适用性有限，不是所有企业都有上 IT 系统的必要或者实力，且具体内容对于小微企业管理者显得过于专业。

（3）以单一垂直角度切入。比如讲解直播、短视频，社群营销相关内容往往是什么火写什么。这类文章的作者有一定的实战经验，但往往局限于某个领域。他们讲的是如何赚快钱的生意经，而不是企业的经营之道。于是给受众造成误解，认为做微商、玩直播就是数字化，就是新零售。

基于以上发现，本书定位于"如何转型"这个话题，因为市面上讲解"为什么""是什么"的内容实在太多，包括笔者的上一本书——《新零售落地画布——实施方法、工具和指南》也侧重于"为什么""是什么"的话题。所以，本书书名为《企业数字化转型指南：场景分析 +IT 实施 + 组织变革》，希望能给企业提供转型方法与行动指导。凭借与 SaaS 软件服务商微盟集团、中台建设服务商云徙科技的项目合作经验，笔者将转型分为七个阶段：启动项目、达成共识、知识导入、场景共创、IT 赋能、试点运营、全面复制。本书也将按照这个顺序，一一讲解每个阶段的重点，并对每个转型阶段所遇到的关键问题进行解答。笔者尽可能知无不言、言无不尽，将数字化转型的方法和工具呈现给读者，希望能够实实在在地对亟待转型的企业有所帮助。

本书亮点

人类习惯于用故事传承道理，用故事领悟道理。比如当下，视频电商便是故事表达的一种形式，故事"种草"带来了不错的带货效果。因此本书也采用故事叙述的方式开场，每章由"故事叙述＋专家解说＋行动指南"三个部分组成。

（1）故事叙述：每一章都以一个连续性的故事开场，描述企业在转型过程中的各种冲突。

（2）专家解说：以故事冲突为对象，讲解冲突背后的原因。

（3）行动指南：讲解故事冲突的应对方法、流程和工具。

另外，本书按照转型的顺序展开，真实还原了企业的转型过程。从企业搭建转型项目团队开始，到规划实施，再到落地试点与复制。能够让企业了解转型全过程，以及各个阶段可能遇到的"雷区"，提前做好部署。

本书的结构

本书共七个章节。

第一章 讲解企业转型背后的时代驱动，强调转型的必要性。在数字时代，企业优势的建立从供给侧转向需求侧，从企业内部转向对外部用户的掌控，商业的数字化转型要从营销切入。同时，企业过去的成功要素逐渐失效，企业需要重新定义客户价值，搭建数字时代的信任链接，抢占数字化渠道触点，全触点包围用户，尤其要在存量市场阶段启动"私域营销"，重构人、货与场。

第二章 讲解传统企业如何启动数字化转型项目，如何让团队达成转型的共识。共识是转型的前提，如果企业上上下下存在理解偏差，会让项目执行受阻甚至中断，因此，统一思想和认知非常必要。本章首先介绍了对企业数字化的三大误解。接着，分别从目标、场景、系统搭建以及项目保障措施这四个层面进行讲解，帮助企业建立一套系统性的共识框架。

第三章 为企业导入系统性的数字知识，这也是大家比较关心的内容。首先，解读企业引入培训学习的误区，跟风式、热点式的学习方式脱离了商业本质，难以形成企业的持续竞争力。接着，对应学习的问题所在，从数字思维—数字模式—数字场景方面为企业建立认知框架。其中，数字思维介绍了数字化、体验化、社交化三类思维范式；数字模式介绍了三类主流带货模式，并重点强调"B2K2C"的带货范式；数字场景介绍了用户体验场景与企业运营场景。

第四章 在上一章的基础上，开展场景的规划设计工作。强调"场景规划"不是闭门造车，是对未来的预测，而未来难以预测，因此规划应该视作过程管理，需要在实践中检验、快速迭代，而不是一次性的。对此，本章引入了"场景共创、精益迭代"的规划方式。为了便于理解，本章还引入了一个真实案例，将整个共创过程进行呈现。

第五章 讲解故事化场景如何进行IT化呈现，也就是IT系统的实施过程。内容涉及企业在系统开发过程中遇到的各种问题，企业与IT外包方之间的博弈关系。强调了以"共创"为核心的沟通机制，以及以"最小原型上线，小步快走、快速迭代"为基准的开发机制。这样的方式，能够缩小开发结果的误差范围，保证功能的实用性。并且，本章详细介绍了完整的开发流程。

第六章 讲解业务试点，强调在试点环节，企业需要从"数字设施关注"到"新价值网络关注",也就是围绕系统测试,需要搭建匹配的业务流程、管理机制与组织支持机制。其中,重点强调了"行动举措共创"的关键性,因为试点工作最终由终端业务员来完成,需要他们一同参与行动方案的制定,梳理行动过程中的"堵点",给出应对方案,获得公司的配套支持。

第七章 迈向成功,对书中故事的整体回顾,从经历一路坎坷到最终迈向成功,实现转型。

鸣 谢

本书写作历时半年,由于白天工作忙碌,只能在夜间写作。这里特别感谢我的太太陈飞霞女士以及我的父母。其间,我太太任劳任怨,承担了全部家务以及孩子的功课辅导,我的父母辛苦地为我们准备早晚餐以及接送小孩上学。幸亏有他们,我才能心无旁骛地写作。另外,我要感谢易观国际与武汉大学,一个是我曾经工作多年的企业,一个是我热爱的母校。我的知识体系、思考方式、研究方法很多都来源于它们,没有它们的指导,就没有现在的我。

我还要感谢微盟集团创始人孙涛勇先生、副总裁凌芸女士、市场部 Tina 经理,他们在百忙之中为本书提供了大量的前沿观点以及丰富的案例支持,包括了书中提到的巴拉巴拉(Balabala)、梦洁家纺、红豆居家、雅迪、安奈儿等知名企业。

最后,因为我个人的工作经历和视野局限,书中的观点和数据难免会存在偏颇,不正之处还请谅解。

喻 旭

2020 年 12 月 15 日

目 录

绪论 一个关于数字化转型的故事 / 1

故事-0 艰难的数字化转型之路 / 2
　　遭遇业绩下滑 / 2
　　数字化转型项目任命 / 2
　　一波三折的转型方案设计 / 3
　　IT 建设与试点 / 4
　　迈向成功 / 4

第一章 数字化转型，迫在眉睫 / 5

第一节 故事-1 立派公司启动数字化转型交流会 / 6
　　一、疫情让公司营收下滑 / 6
　　二、转型迫在眉睫 / 7

第二节 解读：时代挑战 / 7
　　一、时代变迁：经济特征从供给规模转向需求规模 / 9
　　二、重心转移：企业优势由内部转向了外部 / 10
　　三、要素失效：成功要素由传统转向数字 / 11

第三节 应对：升级新商业 / 13
　　一、创新价值：聚焦人本体验价值 / 13

二、重塑信任：社交信任快速带货 / 15

三、抢占红利：快速应对红利周期 / 18

四、私域营销：重构"人、货、场" / 23

第二章　项目启动，统一共识 / 29

第一节　故事-2　不同的数字化理解 / 30

一、启动转型会议 / 30

二、遭遇不同的数字化理解 / 31

三、张董亲自挂帅，市场部牵头规划方案 / 32

四、理解偏差，埋下隐患 / 34

五、张董的愤怒 / 35

第二节　解读：数字化转型的理解偏差 / 36

一、3类主要的理解偏差 / 36

二、测试工具《数字化转型理解自查表》 / 39

第三节　应对：理解数字化的成功关键，达成共识 / 40

一、目标共识 / 41

二、场景共识 / 48

三、系统共识 / 51

四、保障共识 / 57

第三章　学习数字思维、模式与场景 / 71

第一节　故事-3　失败的培训学习 / 72

一、失败的汇报，让团队重启学习 / 72

二、两天的培训，让团队产生期待 / 73

三、委员会再次陷入迷茫 / 73

第二节　解读：学习的误区 / 75
　　一、引入错误培训 / 75
　　二、学习与行动之间的鸿沟 / 76
　　三、企业学习热点，已是后知后觉 / 77

第三节　应对一：了解3种增收思维 / 79
　　一、数字增收 / 79
　　二、体验增收 / 81
　　三、社交增收 / 83

第四节　应对二：学习3种带货模式 / 84
　　一、3类带货模式 / 84
　　二、4∶3∶3的模式配比 / 87
　　三、B2K2C模式特点 / 88
　　四、B2K2C案例应用 / 99

第五节　应对三：体验场景，创新用户体验旅程 / 102
　　一、用户体验来源与发展 / 102
　　二、数字化转型就是创新客户体验的过程 / 103
　　三、体验价值的分层模型 / 104
　　四、客户体验的设计关键 / 109

第六节　应对四：运营场景，升级用户运营流程 / 112
　　一、获客：精准拉新 / 116
　　二、获客：裂变推荐 / 120
　　三、获客：异业联盟，合作共赢 / 127
　　四、锁客：私域锁客，打造可控流量 / 130
　　五、锁客：互动运营，锁人更锁心 / 135

六、变现：无缝体验，快速成交 / 138

七、变现：社交带货，右脑成交 / 140

八、留客：建立数字客户档案 / 151

第四章　开展场景共创　/ 155

第一节　故事-4　受质疑的转型方案 / 156

一、开启调研 / 156

二、撰写报告 / 157

三、备受质疑的转型规划 / 158

第二节　解读：闭门规划的弊端 / 161

一、规划是预判未来，而未来不可预知 / 161

二、错误地将规划视为结果，而非过程 / 162

三、闭门规划，带来认知偏见 / 162

四、规划过程缺少执行者的参与 / 164

五、传统组织的边界依旧明显，创新规划受到排斥 / 164

第三节　应对一：群体共创，场景规划 / 165

一、个体改变的3种主张 / 165

二、群体共创的基本假设 / 168

三、群体共创的两个阶段 / 173

第四节　应对二：场景共创，方法、流程与工具 / 174

一、共创准备 / 174

二、共创过程 / 188

三、绘制场景 / 201

四、某商业体场景共创实例 / 204

目 录

第五章　IT 实施 / 213

第一节　故事-5　IT 争执，到底是谁的责任？ / 214
一、难以打破的业务流程 / 214
二、部门利益冲突，阻碍 IT 实施 / 216
三、一把手牵头，拍板创新流程 / 217
四、IT 开发过程的博弈 / 219

第二节　解读：IT 开发的困境 / 221
一、乏力的公司团队 / 221
二、"大而全"的开发追求 / 223
三、"急于拿单"的 IT 销售 / 224

第三节　应对：开发模式、对话机制与流程 / 225
一、利用"共创"，搭建平台对话机制 / 225
二、以最小原型上线，小步快走、快速迭代 / 226
三、完备的开发流程，保障项目执行 / 228

第六章　试点验证 / 236

第一节　故事-6　方案试点，在期待中蝶变 / 237
一、试点动员 / 237
二、店长的担心 / 238
三、消磨殆尽的热情 / 240
四、复盘跟进 / 241

第二节　解读：试点中的问题 / 244
一、数字化配套应对不足 / 244
二、过多关注于"问题"和"目标" / 244

三、复盘过程显得被动 / 245
　第三节　应对：关键举措，护航试点 / 245
　　　一、从"数字设施关注"到"新价值网络关注" / 245
　　　二、从试点培训到行动共创 / 248
　　　三、试点跟踪与复盘 / 256

第七章　迈向成功 / 258

　故事-7　"6·18"考验来临 / 259
　　　一、焦虑中的宁静 / 259
　　　二、喜报 / 261

结语 / 263

　　　一、组织视角，回顾本书 / 264
　　　二、业务视角，回顾本书 / 265
　　　三、写在最后 / 267

绪论

一个关于数字化转型的故事

故事-0　艰难的数字化转型之路

遭遇业绩下滑

立派集团是一家专业从事服装设计以及销售的企业，总部位于广州。公司成立21年来，年营业额达到3.9个亿，拥有员工900人。公司服装主要面向18~28岁青年，主打快时尚、潮流、炫酷，以及高性价比。

目前，企业拥有自营门店39家，分销门店212家。

在生产侧，立派公司以"设计+品质"著称。公司拥有大量设计师与买手负责开发新款产品，同时，也关注服装的供应链厂家，保证产品的品质，绝不允许一件次品到达消费者手中。

在销售侧，公司主要面向一、二线城市销售。近年来，也开始关注下沉市场的开发。在2010年，公司紧跟电商步伐入驻天猫平台，年规模不算大，1200万元左右，稍有亏损。主营收还是依靠线下渠道。

一切看来井然有序的经营，直至2018年，公司营业额同比下滑6%，2019年同比下滑13%，两年时间，共有65家分销门店退出经营，2020年的新冠肺炎疫情更是让原本困难的经营雪上加霜，一季度营收同比下滑59%。

数字化转型项目任命

公司感到原有体系难以适应外部市场环境、消费者、科技的快速变化，过去的成功经验开始失效，于是决定将"数字化"作为转型的重要议题，并成立了转型委员会。但是在项目启动之初，大家对数字化有不同理解，导致无法确定委员会牵头执行的人选。有的认为是电商渠道带货，有的认为是蹭热点做直播，有的认为是引入一套营销IT系统。于是，牵头人选在IT部门、电商部门、销售部门和市场部门之间徘徊。公司的张董认为转型属于公司战略，应从全局考虑，从顶层设计开始。经过再三商议，张董决定亲自挂帅，而市场部的王总作为张董的左膀右臂，被委以数字化转型的推动执行重任，眼下第一步便是转型方案的起草工作。

一波三折的转型方案设计

面对起草数字化转型方案这项艰巨任务，市场部王总决定向各大数字化IT公司求助，但王总按照IT公司的建议，将转型方案规划成IT系统的引入与建设，而缺少数字化与公司战略的关联描述。方案回到了"数字化就是一堆IT工具的集合"的误区上。最终，方案被张董强力驳回，王总面对方案的理解误差，顿时备感压力。"到底什么是数字化转型，它到底解决公司什么问题？该如何数字化转型呢？"大家显得很迷茫。

此时，张董决定求助外部导师，开展为期两天的学习。但是，他们仅仅学到为什么要数字化转型、什么是数字化转型，以及利用数字工具带货的最新方式，而对如何进行数字化转型，仍是一头雾水。压力之下，市场部王总从公司战略角度出发，结合两天的学习成果，找到数字化转型的关键，并对经销商和公司业务部门进行调研，发现公司的问题所在，重新起草了数字化转型方案。整个转型方案从调研发现、实施目标、实施方法、IT建设与预算几个方面进行阐述。初步看来，方案经过深思熟虑，没有根本上的问题，可结果仍然出乎意料。如果说上次汇报的批判在于方案侧重IT，缺少战略描述，那么本次的争论焦点主要在转型思路和落地执行方面。会议上，相关部门提出各种各样的质疑，线上线下冲突问题、利益分配问题、组织架构问题、系统重复建设问题……总之是方方面面，让王总措手不及。这次汇报让王总认识到"闭门造车"问题的严重性，于是邀请相关部门开启"方案共创"。

IT建设与试点

与大多数公司IT系统开发过程一样，立派公司初期也遭遇了功能追求"大而全"、需求反复修改、合作双方沟通困难、公司跨部门流程打不通等问题，最终导致开发进度一拖再拖。各种问题悬而未决，直至张董亲自出面，将项目各项"堵点"逐一疏通，并确认"最小化原型上线，正向绩效"为原则的开发模式，这才保证开发的有效进行。另外，在系统开发的同时，功能的有效性试点也在同步展开。围绕新业务、新场景的试点工作，张董率领市场部与销售部，亲自督战，深入走访，帮助打通总部与试点门店各项流程中的"堵点"，给予试点部门各种支持，制定新的绩效机制，并以"6·18"为契机，打造数字化成功样板，直至全面复制。

迈向成功

经过半年的数字化转型工作，立派公司从一无所知开始，到边做边学、边学边调，在挑战中成长，逐步走向了正轨。一路的挫折并未让它按下暂停键，而是越挫越勇，其关键是从上至下的转型决心和勇气。

书中故事是当前企业转型的一个缩影。对于具体问题和应对方法，笔者将在下面各个章节中进行阐述。

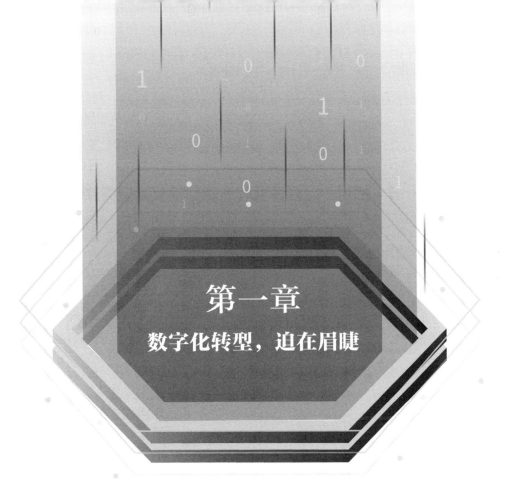

第一章
数字化转型,迫在眉睫

近些年,行业竞争业态变化、消费者需求结构变迁、数字工具高速迭代,让企业过去的成功经验逐渐失效,也许因为变化得不够剧烈,在"温水"中浑然不觉,大家不愿相信正在发生的事实,抱守已经取得的成功不放。"重大事件"的出现让企业下定决心转型,当然代价也是巨大的。2003年的非典疫情让企业主动拥抱互联网,2020年的新冠疫情让企业主动寻求数字化转型。

第一节　故事-1　立派公司启动数字化转型交流会

一、疫情让公司营收下滑

傍晚，张董来到珠江边上，停下车，点上一支烟，望着无尽的江水，满脸尽是焦虑。此时正值12月末的广州，冬意来临，相比北方的干冷，这里满是湿冷，冷到骨头里，更冷到心里。他深深地叹口气，自问，这几年到底怎么了？他甚至不敢直视今年的营收报表，也不想去看，因为再次下滑的业绩已在他的意料之中。

张董是立派集团的创始人，从创立公司到现在已经走过了21年。公司营收从2018年开始下滑。他原本以为2018年的下滑只是市场偶然，没想到却是起点，一直延续到2020年，尤其是2020年突如其来的疫情更是给了他当头一棒。望着眼下门可罗雀的门店，一面是每月高额租金和人工开支的压力，一面是养活近千个家庭、保住员工饭碗的责任。此时此刻，张董很迷茫。他倒吸一口凉气，希望这口凉气能够抑制住他心中的燥热情绪，减轻他的压力，哪怕一秒钟也好。他试图让自己恢复平静，他需要快速进入思考。他自言自语道："接下来该何去何从？是什么导致了现在的局面？"

是的，遭遇业绩下滑的企业何止立派公司一家，但它们都有一个共同特点：没有积极拥抱变化，死守过去的成功不放。而就在他们"死守"的同时，更多的新商业、新势力在快速崛起，它们积极拥抱数字化，正在打开一幅崭新的局面。

二、转型迫在眉睫

张董凭借自己多年练出的敏锐商业嗅觉，觉得当下困境绝非寻常。

于是，他拨通了老朋友刘总的电话。刘总是做商业策划的，对市场上的变化有一定的洞察，这也是张董找他的原因。

不知不觉，电话聊了半个小时，电话里刘总的声音让张董的心情有了片刻平静。从沟通中，张董大概知道了这些年外部市场发生了急剧变化，而自己却浑然不觉，尤其这次疫情加速了公司业绩下滑。但某种意义上说，他也要感谢疫情，给他浇了一盆冷水，让他彻底清醒过来。

"嗯，是时候开始转型了！"

请你思考

如果你是那位刘总，你认为，立派公司所处的市场环境发生了怎样的变化？

第二节 解读：时代挑战

立派公司从 2018 年开始遇到了前所未有的困难。其实，遇到类似困难的并不止它一家，近年来，国内许多商业企业不断出现经营问题，尤其在 2014 年到 2018 年这段时间，频频爆出"被收购""退市""退出中国"这些关键词，像百丽鞋业、大润发、家乐福、麦德龙（如图 1-1 所示），这些伴随了一代人成长的商业品牌。我们不禁感叹，这段时间到底发生了什么，是什么鸿沟让它们难以逾越,它们做错了什么吗?

图 1-1　数字化"抓手"创造机会

首先是一代"鞋王"百丽的跌落。

2004年,"百丽女鞋"荣列全国市场同类产品销售额第一,市场占有率第一;2007年5月23日,百丽国际在香港成功上市,市值600多亿港元;2013年,公司市值超过1500亿港元,一度成为中国最大的鞋履零售商;

可是,谁也没想到,2017年7月27日下午,"一代鞋王"正式宣布退出香港联合交易所,而创始人选择卖掉自己所持的全部股份。

接着,家乐福中国卖身苏宁,麦德龙中国出售给物美。

在低迷的现实下,从2016年开始,传统商业纷纷谋求转型出路。"数字化"进入我们的视野,那么"数字化"真的有效吗?在国家大力推动"数字化转型"的时候,绝大多数企业仍然选择观望和谨慎,此时,市场需要成功案例提振信心,使其成为转型的"领头羊"。

这里,一定要提另一个商业巨头——大润发,曾号称"19年不关一家店"。在2017年年末,阿里巴巴斥资224亿港元正式收购大润发的母公司高鑫零售,持有其 36.16% 的股份。2018 年年初,高鑫零售董事、大润发创始人辞职,大润发 6 名高层先后离职。经历了这么一场变革,大家开始关注,大润发与阿里的合作,究竟能碰撞出怎样的火花?或者说,数字化能否成为企业转型的关键"抓手"呢?如果成功,该样板就能复制给中国其他一些亟待转型的企业。事实证明,大润发的数字化改造取得了不错的成绩。2019 年财报显示,大润发母公司高鑫零售 2019 年的总营业收入为 1018.68 亿元,同比增长 0.5%,归属母公司净利润为 28.34 亿元,同比增长 14.4%。可以说双双超出预期!

关于数字化转型话题,上到国家的大力推动,下到成功的商业实践证明:传统商业的成功要素难以适应当下的市场要求,数字化是发展转型、创造生机的重要"抓手"。

那么,这个市场到底发生了什么变化?过去的成功要素为何失效呢?

一、时代变迁:经济特征从供给规模转向需求规模

20 世纪的工业时代,在"供给规模经济"(supply economies of scale)特征下,催生了许许多多的垄断巨头。这种经济特征是由"生产效率"驱动的。随着生产数量的增加,生产效率使得生产产品或服务的单位成本降低。供给规模经济能够给工业经济中规模体量最大的公司带来成本优势,而这样的成本优势使竞争者难以抗衡。

而在 21 世纪的数字经济时代,"需求规模经济"造成了一定程度上的垄断。该经济特征是利用了 IT 技术的进步在需求侧取得优势。比如淘宝平台广泛地连接了碎片的、个性的需求,提供了丰

富的长尾商品。在数字平台上,只有想不到、没有买不到的商品。所以,从工业经济时代到网络经济时代,便是呈现从供给规模向需求规模的迁移。互联网时代,企业愈发关注用户资产、用户价值,公司价值也将用户增长与用户活跃作为关键指标。

所以,传统企业如果仍然延续"供给规模经济"时代的特征进行经营,将遭遇困难。

二、重心转移:企业优势由内部转向了外部

不同时代的企业优势重心有所不同,那么,企业优势在工业经济时代和数字经济时代各有哪些侧重呢?在工业经济时代,强调由内往外的驱动方式建立企业优势,企业更加关注自身的竞争力,而非客户。美国哈佛商学院著名战略学家迈克尔·波特(Michael E. Porter)提出的"价值链分析法",强调企业需要密切关注组织的资源状态,在研发、生产、流通、销售等价值链的关键环节上获得重要的核心竞争力。并且,他还提出著名的"五力模型",将客户的议价能力视作"买方",其他几个"力"是供应商的讨价还价能力、替代产品的替代能力、现有竞争者的竞争能力和潜在竞争者的进入能力。他的视角立足企业内部,更加关注企业的竞争力。类似的还有伦敦商学院教授加里·哈默尔(Gary Hamel)和密歇根大学教授普哈拉(C. K. Prahald)。他们都主张由内而外的竞争驱动,强调公司应该从内部打造属于自己的核心竞争力,提供新的商品或服务满足市场需求。根据这个观点:工业时代下,数字化更多关注企业内部优势的建立,生产、流通、管理、销售、资源计划成为关注重点,即"信息化"。

但是在数字经济时代,需求规模经济特征是一种由外向内的

驱动方式。公司的估值与商业逻辑构建，都是基于对用户的了解与掌控之上，"用户数字资产""得用户得天下"的提法更是说明了这一点。关于公司优势建立在对外部用户的掌控与了解之上的观点，以色列经济学家奥兹·夏伊（Oz Shy）在《网络产业经济学》中提出了"网络效应"概念。它也被称为需求方规模经济、需求方范围经济，是指产品价值随着购买这种产品及其兼容产品的消费者的数量增加而增加。例如在电信系统中，当人们都不使用电话时，安装电话是没有价值的，而电话越普及，安装电话的价值就越高。因此，数字经济时代，依靠人与人的相互连接与参与，创新的商业项目更有价值。比如中国的阿里、京东、腾讯这类企业，如果按传统优势作为估值标准，评估它们的实体资产、计算机软硬件，那么它们的估值不会超过海尔、三一重工、王府井这类传统企业，互联网企业之所以取得高估值，核心是掌握了大量的数字用户，借助"网络效应"获得市场优势。

互联网企业是天生的数字化企业，更加关注"以用户为中心"的外部优势建立，它们在高效链接客户、精准识别与匹配需求、全生命周期服务客户方面，全面领先于传统企业。随着市场压力的加大以及国家层面的推动，传统企业也正在加大数字化投入，它们与互联网企业的距离在缩小。

基于以上，企业的优势建立从"内部竞争关注"到"外部用户关注"转移。数字化是帮助企业建立外部用户优势的重要"抓手"，值得企业的重点关注。

三、要素失效：成功要素由传统转向数字

过去，传统商业按照"地段思维、销售猛推、降价促销"的方

式取得阶段成功。

首先,"地段思维"认为生意成功的关键是地段,其本质是流量思维。如今,流量已分布于线上与线下。在线上,消费者沉浸于微信、微博、抖音、社区、社群等各种碎片场景中。有句话说得好:"消费者注意力在哪里,我们的钱就在哪里!"当下,消费者的注意力呈现线上化、社区化、社群化的特点,因此,线上、社区、社群成为传统商业的经营重点,如果企业仍然坐守店前客流,不去拥抱线上,将会错失大量流量机会。

其次,销售猛推。这是"信息不对称"的遗留产物,认为消费者不了解产品,只需要通过广告承诺、销售引导,就会促进客户购买。然而,当下网络信息发达,消费者在购物前、购物中,能够有足够多的渠道获得决策信息。在该情况下,广告承诺与导购推荐方式提供的决策促进从"唯一"变成了"之一",并且该方式还存在"王婆卖瓜,自卖自夸"的嫌疑,存在偏见的可能,难以获得消费信任。相比之下,消费者倾向于相信同类族群的推荐与实验结果,如网络上的口碑评价、社群里的商品推荐、笔记里的经验分享、视频里的开箱试验。因此,商家如果还在延续过去的做法,只会降低客户的购买体验,让客户反感,最终带来更低的销售转化。

最后,降价促销。它是"消费者追求同质低价商品"的遗留产物。当消费者对产品功能与品质需求趋同,而对产品其他需求没有明显差异的时候,商品价值呈现"一元化"特征,"低价"成为消费者购买的重要因素。从2000年的家电大战,到如今的电商"6·18""双11","价格战""价格屠刀"成为商家取胜的利器。然而,消费升级当下,消费需求从功能、品质向服务、体验、社交、情感、文化、参与感方向迁移,商品的交付价值不再局限于"一元化"的功能诉求,价值的多元化是主要需求特征,这也让价格变得模糊与难以衡量。一部 8000 元的手机和 4000 元的手机,一台 100 万元的车和 50 万元的车,其功能差异表现得并没有价格差异那么明显,而前者照样大卖,可见消费者高价购买的绝不仅是功能价值,还有其他。

降价促销是产品同质、品牌力弱时的不得已手段。而随着消费者消费能力的增强,以及对美好生活的追求,人文价值、社交价值、品牌认同、社群认同成为新的需求空间,与多元价值的需求匹配的产品高溢价将为企业带来增长机会。因此,降价促销是同质时代的历史遗留,或者是商家面对竞争的短暂措施,难以形成持续的竞争力,追求多元化的用户价值才是长久之道。

综上,坐店等客、销售猛推和降价促销都是过去的成功要素,企业只有建立新时代、新商业所需要的新要素,才可能持续发展。

第三节 应对:升级新商业

秉承"现代营销学之父"菲利普·科特勒(Philip Kotler)的战略思想,科特勒咨询集团提出:"不从营销入手做数字化转型,数字战略要么变成了'互联网思维',找不到落地的实施步骤,要么变成了'数字工具使用集合',找不到整体战略蓝图。好的战略,应该'上得去,拆得开,落得下'。"

一、创新价值:聚焦人本体验价值

麦肯锡咨询提道:"到 2030 年,中国将贡献全球消费增量的

30%。中国消费者消费模式正在发生转变，消费结构与发达国家日益相像。中国家庭全年在食物上的支出占比将继续下降，而'可选品'和'次必需品'的支出将持续显著增加。"同时，阿里研究院提道："当前，中国高端消费群体消费特征接近日本、韩国水平。质量诉求逐渐取代价格诉求。高品质、高科技、个性化、小生活主义代表消费升级方向。"另外，曾经的"老三件"和"新三件"是20世纪70年代至90年代消费的代名词，反映了当时的人们对商品功能和耐用特性的诉求。而当前的互联网、IP化、文化、旅游成为新的时代特征。

因此，聚焦"人本体验价值"将为企业带来新的增长优势，表现为以下几点。

第一，客户希望获得"高颜值、高品质、高性价比"的商品。以"名创优品"为例，它致力于为全球消费者提供真正"优质、创意、低价"的产品，并提出"三高三低"原则，即：高品质、高效率、高科技、低成本、低毛利、低价格，其产品的毛利只有7%~8%，充分满足消费者对性价比、高颜值和高品质的追求。

第二，客户期待享受"不用等、不用想、低决策、快速响应"的服务。日益忙碌的现代人更加希望获得足够的时间享受生活，他们讨厌将时间花费在"路上""等待"和"决策过程"之中；他们厌烦"复杂的消费决策过程"。当下"千人千面"的广告展现、"所见所得"的无缝体验过程、外卖跑腿的无忧服务，正是迎合了这个需求。因此，能够帮助用户更快地、更容易地完成需求任务的商业将获得竞争优势。

第三，客户追求"身份认同"的体验。比如大街上人们穿着印有"中国李宁"的T恤、穿着印有"JUST DO IT"耐克鞋子，其

第一章 数字化转型，迫在眉睫

符号背后是上进的、活力的象征。这里，与其说消费者购买的是一件T恤，不如说购买的是一份"被认同"的感受。其实，一直以来，人们都在试图寻找某种符号来映衬自我的价值观、做事方式和理念。我们看到的IP图标、IP动漫、IP网红都是这类符号的展现。客户在消费IP的同时，收获身份的认同。

关于"身份认同"还有另一重理解便是"自我实现"或者"自我成就"，身处社交推荐时代的当下，每个人既是分享者又是传播者。人们乐于分享自己的产品使用体验和产品专业知识，同时又会学习别人的分享，快速成长为产品专家，甚至比企业更懂企业的产品。抖音、小红书、蘑菇街、Keep等社交达人分享平台便是如此。在这些平台上，达人们借助图文、视频与直播方式，分享自己的"实验"结果，为他人的购物提供决策依据，在分享过程中获得粉丝的"身份认同"。

因此，企业手上多了三张竞争牌：一张是"商品牌"。为消费者提供"高颜值、高性价比、个性化"的商品；一张是"便利服务牌"。为消费者提供更短的购物路径、更短的交易流程、更少的交易时间、更少决策参与的购物体验；一张是"身份认同牌"。企业需要打造商品背后的价值观故事与消费者共鸣，还需要以产品为"实验道具"，帮它们建立粉丝链接关系，收获粉丝认同与事业收益。我们看到的企业通过平台化，赋能客户、员工、合作伙伴、自由职业者，教他们如何在线上线下获客、如何互动运营、如何直播带货都属于这类。

二、重塑信任：社交信任快速带货

消费侧的另一个关键变化是消费决策的信任代理发生变化。比如：消费者为什么会在天猫、京东购物？因为他们相信天猫、京东提供的商品真实、可靠、有保障。消费者为什么会选择某明星代言的商品？因为他们相信这个明星，也会间接相信他推荐的商品。

信任是购买决策的前提条件。缺少信任，交易便无法达成。消费者在购物的过程中，时时刻刻都在寻找某种信任机制，以快速完成购买决策。于是，商家在商品上新时，合作某些明星、网红、KOL，试图搭建新商品和消费者之间的信任桥梁。这个桥梁就是"信任代理"。

黄敏学教授的论文《基于有限状态自动机的新产品市场成长研究》中解释了提出的两类场景。

场景1：如果企业开发了一款消费者完全没有接触过的全新产品，企业会选择怎样的信任代理，让用户购买？

"信息性社会化影响"理论解释：消费者为了获取正确信息，会参考他人的意见。即：消费者做出"正确性决策"时候，会倾向相信权威人士或者明星的代言。

场景2：如果是某个产品的升级版，无须市场教育，企业会选择怎样的信任代理，让用户购买？

"规范性社会化影响"理论解释：消费者为了与他人保持一致的意愿，而受到他人信息的影响，参考他人信息。即：人们总是希望与他人的行为保持一致，不至于成为"另类"。消费者在做出"趋同性决策"时候，会倾向于相信流量明星、KOL以及身边人的实验结果。

于是，不同阶段不同场景，消费者总是试图寻找某种信任代理参与购买决策。

平台电商时代，消费者将天猫、京东作为信任代理，被称作"渠

第一章 数字化转型，迫在眉睫

道信任"。

社交电商时代，消费者选择亲戚、朋友作为信任代理，被称作"关系信任"。

视频电商时代，消费者选择网红、达人作为信任代理，被称作"IP信任"。

有一句话叫"消费者信任谁，就找谁来带货"。在这三种信任里，消费者更愿意相信谁呢？通过调研，很多人都回答是"关系信任"和"IP信任"。这正是社交电商和视频电商的优势所在。作为商家，要充分利用这两个电商的信任红利。这里尤其说一说"IP信任"。不要狭义理解为IP就是网红，IP还有故事、图像、人物多种形式。比如图像IP：植入了Kitty猫的背包、爱莎公主的服装将更加好卖；人物IP：请李子柒做一期视频，商品也会变得好卖；故事IP：将商品植入电视、电影、短视频，也会变得好卖。另外，IP不光能帮商品建立信任，也会自带流量。比如：人物IP和故事IP本身就会有大量粉丝关注。作为卖货核心的两个关键"信任"与"流量"，通过一次IP合作就能搞定。

当前，很多企业开始合作MCN机构，借助KOL直播带货；合作社交零售平台，借助KOC（即导购、推手）进行带货，产生了业绩增量。但是，它们都是借助合作方的流量资产和信任资产（也被称作"公域流量"）进行变现。从长期看，企业也需要培育自己的带货IP，比如：以销售终端人员为主体，培养人设、搭建企业自己的流量资产与信任资产（也被称作"私域流量"）。就像在2020年的疫情期间，过度依赖公域流量的企业变得被动，因为流量资产与信任资产都不被企业掌控。而早早建立私域流量，利用终端导购人员进行互动、直播带货的企业收益颇丰。

三、抢占红利：快速应对红利周期

记得 2003 年 9 月，城市街头和电视上大量出现"淘啊、淘啊、淘啊淘"的广告。这一年，淘宝正式成立，也预示着一个巨大的商业创新开始。那时，人们的主要消费还是在线下实体店完成。随后 2008 年，以"天猫"的诞生（起初叫作"淘宝商城"）为标志，电商正式进入主流视野，大品牌商家开始进驻，人们的在线购物习惯正式养成。接着，2014 年，以微信为标志的社交电商成为重要的带货渠道，其主流形态是"微商"。而到了 2018 年，以短视频和直播为代表的视频电商崛起，成为主流的带货渠道之一，如图 1-2 所示。

图 1-2　电商红利的更迭

通过对历史的回顾，有助于认清事物发展的规律和原理、认清商业的本质和增强对商业未来趋势的预判。这里总结为三点。

（一）红利渠道五年左右为一个变化周期，企业需要抓住周期变化，抢占红利

从 2003 年实体店到 2008 年平台电商，再到 2014 年社交电商，再到 2018 年视频电商，五年左右为一个变化周期。该定义的时间点是以渠道进入到主流阶段为标志，也就是这个商业创新为大众所熟悉。找到这个规律，于是企业就需要关心：视频电商的红利还能延续多久？如果，按照五年的周期规律，视频电商会火到 2023 年。但是，笔者认为，这个红利末期会提前到来，因为 2020 年的疫情

加快了红利渠道的透支。

2020年疫情后,为了提振消费,各大媒体广泛报道直播带货话题,地方领导亲自直播带货滞销农产品,央视主持人接连上阵直播扶贫,明星、企业家、网红更是带出一波波的销售纪录。一时间,上到70岁的长者下到6岁的孩子都知道直播,而企业不管大小也都尝试做直播,好像不和直播沾边就会被踢出局的感觉。同时,火热的直播也伴随出现了很多负面消息。比如:一些品牌企业趁直播热点在股票市场割股民"韭菜",一些MCN机构通过服务套路割品牌商的"韭菜",大量的消费者开始投诉直播商品的劣质,直播退货率更是在30%~50%,是平台电商的2倍多。

在笔者看来,这些现象都是进入成熟期的表现,预示商业将进入高点。因此可以判断,直播在2020年已经进入主流期的后半场,其红利尾期会在2021年提前到来,比预想的提前2年。此时进入直播,容易被"割韭菜"。但直播这个模式本身没有问题,只是会沦为和平台电商一样的渠道,或者叫作传统带货渠道,成为企业的渠道标配。那么,怎样的直播还有机会呢?笔者的合作伙伴——微盟集团提出一个概念,叫作"私域直播",也就是企业在自己的流量池里做直播。比如:在企业的社群里做直播、在企业的APP里做直播,企业将不会受制于外部高额的获客成本,但前提是,企业需要有自己的"私域流量池"。

(二)任何商业初期都是以非主流形态进入,且变化加速,企业需要提前洞察与预判

2003年淘宝网刚刚成立,只有早期敢于尝鲜的人群参与其中。笔者身边出现的第一例在淘宝上卖货的案例发生在2013年9月。

朋友在淘宝上每天有 2~3 笔交易，150 元左右利润。笔者当时仍不以为然，觉得这事情做不久，耽误正业。而笔者当时主要的网购仅仅是在当当上买书。直到 2008 年，网购才正式进入主流，成为人们生活中不可或缺的一部分。随后 2014 年的社交电商、2018 年的视频电商都是如此规律，遵循着从非主流阶段到主流阶段的渐进过程。

新墨西哥大学传播学与新闻学系教授埃佛雷特·罗杰斯（Everett M. Rogers）提出的"创新扩散理论"指出，任何商业创新早期都依靠创新者和早期追随者的参与，也就是"先有小众的关注才能引爆大众的流行"，如图 1-3 所示。

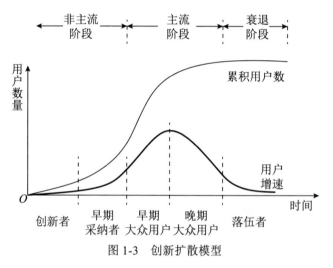

图 1-3　创新扩散模型

图 1-3 中，受"创新者"的影响，稍后跟进的这些人都被称为"早期采纳者"。他们是族群中的观念引领者，受人尊敬，能敏锐察觉"创新者"的所作所为，看出其中的价值并开始效仿"创新者"。这个阶段仍是商业创新的"非主流阶段"。其后"早期大众用户"和"晚期大众用户"在看到"早期采纳者"的实践成果（如 KOL 在社交

第一章 数字化转型，迫在眉睫

平台的分享视频、笔记）之后加入进来。这部分人凡事要经过深思熟虑，如果没有"早期采纳者"的率先尝试，他们不会贸然进入，但一旦他们对新观念或产品建立认知后，信息扩散会突然加快，引发流行，此时该创新便进入了"主流阶段"。

那么，诸如"平台电商""社交电商"与"视频电商"的创新模式，是否也遵循这样的规律呢？是的，同样遵循。他们从非主流到主流的过渡，伴随一些标志性事件，如表 1-1 所示。

表 1-1 电商从非主流到主流对比

		平台电商	社交电商	视频电商
非主流	时间	2002 年、2003 年	2012 年、2013 年	2014 年、2015 年
	事件线索	淘宝的成立，京东开辟电商板块业务	面膜的朋友圈带货	斗鱼、虎牙、熊猫直播上线
主流	时间	2008 年	2014 年、2015 年	2018 年
	事件线索	天猫的成立	微商开始盛行，拼多多发力	抖音带货、淘宝直播带货成为热点
从非主流到主流的时间跨度		4~5 年	1~2 年	2~3 年

表 1-1 中，平台电商从 2003 年起步到 2008 年进入主流；社交电商从 2013 年起步到 2015 年进入主流；视频电商从 2015 年起步到 2018 年进入主流。从中可以看到一个关键信号，**电商业务的创新从非主流到主流的时间跨度，由 4 年压缩到 2 年左右**。平台电商时代，涉及消费行为的较大改变，创新幅度大，用户的教育时间显得较长，而后续的社交电商和视频电商的跨度，得益于前者的基础教育工作，很快就进入了主流阶段。

加速变化的过程，给企业带来两点启示：第一，它为企业的未来商业创新提供更多机会，但也导致了窗口期更短的问题。如果企业的商业创新从非主流到主流阶段时间花费过长，则容易遭遇"难产"。第二，持续缩短的红利窗口期，对企业提出挑战。企业需要具备敏锐的市场洞察，提前预判红利趋势，同时还要有快速敏捷的应对能力，在短时间内调配资源、组织能力，快速应对变化。当前，大多数企业都是在创新红利的后半场，"后知后觉"的情况下进入，造成被"割韭菜"的困境。

（三）高成本和流量瓶颈的出现，预示着一个红利渠道的结束

"获客成本"和"流量增速"是判断一个渠道红利特征的两个指标，笔者在上本书《新零售落地画布——实施方法、工具和指南》中曾介绍过，这里不多讲。另外，考虑到微观企业的增长曲线转移与中观产业的产业转移，两者特征有一定相似性，读者可参考产业经济类书籍进行扩展学习，里面也有相关描述产业红利特征与产业转型内容的介绍。

综上，红利渠道保持周期性规律迭代，并从非主流到主流递进。在动态发展的时间流中，2014年是关键年份。

一是2014年，以"搜索"为中心的电商时代，其风头被以"推荐"为中心的社交电商抢占。平台电商仍是带货的主流，成为传统渠道，成为企业标配。社交电商成为新兴渠道。社交电商凭借人和人推荐带货，打破了平台化的流量中心，人人自带流量，人人带货，让获客成本下降。随后，社交电商下的视频电商分支突起（视频电商本质上也是"推荐"模式，所以可以理解为社交电商分支）。它凭借故事冲突和情景代入为客户种草，用视频取代图文，用感性取代理性，让过去枯燥的购物方式变得有趣、生动和直观，而决策过

程更简单，吸引大量消费围观。

二是 2014 年，某著名大咖说的线上电商将取代线下的预言被打破，纯线上的优势已不在。这一年，以平台电商为主的天猫淘宝获客成本接近 70 元，与线下持平，而 2019 年，这个数字达到了 270 元，已远超线下。平台电商时代，线上和线下成为两个独立阵营，给人"水火不容"的感觉，不是你死就是我活，界限明显，也给企业内部经营造成了渠道冲突。而后起之秀，**社交电商和视频电商，配合线下二维码的广泛应用，完美地将线下与线上融合**。将线上的广泛流量优势、便捷交易优势与线下的服务优势、体验优势、高客单优势进行完美结合，当前依托"门店（线下）+终端导购（线下）+私域流量（线上）+微信小程序（线上）"的带货模式，便是对线上与线下优势融合的很好诠释，尤其是 2016 年新零售的提出，强调以用户为中心的周期化运营思维，更是将线上和线下渠道理解为客户连接、互动与变现的触点，从渠道思维转向了用户思维、触点思维，进一步打破了线上与线下的边界。因此，纯电商已去，融合时代开启。

四、私域营销：重构"人、货、场"

企业家们比较关注"下一波红利渠道是什么"，以便提前预判，做好准备，不至于错过红利周期。这里，必须认清一个事实：增量时代褪去，存量时代到来。从 2003 年开始，电商行业的高速增长都是依靠网络购物人口红利的爆发，但如今这个增速不再。根据中国互联网络信息中心（CNNIC）的统计，2019 年网络消费增速降至 15.6%，而同年社会零售消费增长为 8%，两者逐渐趋同。因此，电商的存量特征出现，此时，某个电商渠道的流量红利仅仅是从其他电商渠道的流量迁移而已,或者说,仅是电商渠道内部的流量结构在变化,电商大盘的流量稀缺,将是一种常态。因此,企业接下来的重点是"存量运营",关键是围绕"私域流量",重构企业的"人、货、场",如表1-2所示。

表1-2 增量与存量时代的要素对比

	1990—2015年,增量时代	2015年后,存量时代	企业新挑战
人	• 特征:流量红利,获客成本低 • 关键:全渠道获取新客	• 特征:流量红利褪去,获客成本高 • 关键:私域流量的运营	如何进行私域流量的获取与运营
货	• 特征:产品中心 • 关键:集中品类优势,供应一类商品	• 特征:用户中心 • 关键:围绕用户生活某一细分场景,供应全系产品	如何选择用户场景、重新定义用户价值,并搭建与价值匹配的供应链体系
场	• 特征:交易为主 • 关键:借助全渠道卖货	• 特征:交互交易一体化 • 关键:交互、交易全场景覆盖,交互与交易无缝化	如何全覆盖用户的交互场景,并与交易进行打通

(一)存量时代的"人",我们更加关注"私域流量运营"

2020年的新冠疫情导致线下门店难做,本质是流量的缺失,而不是需求缺失。需求一直都在,只是企业没有方法去链接需求。然而,那些早就开始筹备"私域流量"的企业却不受影响,用个人号、社群链接客户,对接需求,借助直播、拼团手段变现需求,取得了不错的成绩,梦洁家纺就是如此,如图1-4所示。

第一章 数字化转型,迫在眉睫

2020年3月14日4小时直播,梦洁家纺GMV突破2533万元

- **全国经销商,搭建私域流量池**
  除户外及朋友圈广告宣传外,联合了全国经销商进行推广和引流,构建商家私域流量池。
- **分层运营,促进活跃与留存**
  在社群运营过程中,以门店+导购为中心,分级别、分区域的"群",并通过社群的精细化运营,促进活跃与留存。
- **导购直播+拼团,提升转化**
  导购日常维护社群,在社群中发起直播、拼团等活动,提升转化率。

图 1-4 梦洁家纺社群直播活动

梦洁家纺在 2020 年 3 月 14 日晚 19 点开始了 4 小时的"万人拼团抢工厂"直播活动。整场直播实现销售额 2 533 万元,访问人次超过 20 万,线上订单超过 25 000 单,创造梦洁官方小程序商城单日 GMV 破千万元的新成绩。它的关键做法是:**借助私域流量直播变现**。梦洁家纺以覆盖全国的广大客户群体为基础,在活动前,联合全国经销商进行推广和引流,建立了 3 000 个分级别、分区域的直播群,并在群中进行活动预热与规则解说。社群的直播过程以"门店+导购"为中心,一边直播一边配合详细的活动图文进行答疑解惑,有效地帮助提高下单率与留存率。

因此,存量经营时代下,企业要从"观外"转向"观内",从"求外"转向"求内",相比于"外","内"更容易"静、定、止",而后"善"。从现在起,**企业一定要做好私域流量,用触点包围客户,并在每一个可控的触点上,留下转入私域流量池的"诱饵"**。这些触点包括线上和线下,店内和店外,客户购买和不购买。有了自己的私域流量,企业将不受制于外界不可控因素的变化,真正做到"得用户得天下"。

（二）存量时代的"货"，从单一品类的商品销售到基于用户生活细分场景的多品类销售

私域流量池中，开展多品类销售，可以主要从两方面考虑。

一是从用户体验角度考虑，能否"买得到、买得容易、买得开心"是私域流量运营的关键。因此，单一品类难以满足用户某场景下的多元需求，一站式体验成为关键。比如：中石化瞄准了车主生活场景，以车主加油为关键触点，将用户导入APP为主体的私域流量池中，并获得了对车主人群的掌控。在2020年疫情期间，它快速反应，开展生鲜商品的销售工作，解决了居民生活难题，也带动了自身增收。它的做法一句话概括之："**切分用户场景、打造用户入口、建立私域运营、开展多元变现。**"二是从运营成本角度考虑，某些企业的商品消费频率低、客单价高，单一的变现手段让私域流量运营的工作入不敷出，因此需要引入高频、刚需、低价的产品做补充，建立产品矩阵，这样才能将私域流量更大范围变现。因此，选定用户某一细分场景，重新定义用户价值就非常必要。这里，关于用户价值的再定义要从**"功能使用"**为中心的产品使用价值，升至为**"生活赋能"**为中心的产品生活价值、体验价值和人文价值。

举例如下：耐克市值在过去的10年涨了3倍，早已不是传统认知上的运动鞋子、衣服的品类提供商，而是围绕用户运动场景，提供的是一套"运动技能发展与提升"的服务方案。鞋底的压力感应器能够对用户的活动进行追踪和性能检测，比如活跃度、跳跃高度、运动距离，通过蓝牙无线将运动数据传送至手机端APP，然后分享到热门的社交网络和耐克社区。借助手机，用户可以清楚看

到自己所有活动、运动能力，可视化和数据化了解自己的各类运动指标。另外，耐克通过教练服务和反馈机制进一步提升用户运动技能，指导用户如何改善运动技巧，并辅助制订运动计划。因此，耐克重新定义客户价值，真正地从单一品类产品销售，转型成围绕用户运动场景的方案服务提供商。

（三）存量时代的"场"，关注交互与交易的一体化

交易的前提是信任，而信任的基础是互动，互动越频繁、信任越深。信息泛滥的时代里，客户防不胜防地多次被"割韭菜"，于是防备心理越来越强，也就导致企业与客户直接交易越来越难。此时，"先交心，再交钱""生意不在情意在"成为关键的问题。在南方，想要让务实且精明的客户掏钱是很困难的事情，因此，先请客户喝茶，边喝茶边聊生意。如果企业一开始就表露交易目的，客户会产生戒备心理。喝茶这类交互手段能有效降低客户的防备心理，更利于生意的达成。因此，在消费者警惕性越来越高的当下，**企业需要先搭建用户的交互场景，借助微信、微博、头条、抖音这类交互平台，汇聚用户，再借助高频互动降低客户的防备心，产生信任基础，进而再谈交易的话题。**

另外，交互产生用户，交易产生客户。为什么说"得用户得天下"，而不是"得客户得天下"，足以说明用户的重要性！而用户的产生需要借助"交互"实现，如：腾讯公司利用QQ交互软件获得大量私域用户才有今天的帝国；360集团借助杀毒软件获取大量私域用户才有今天的发展。

因此，企业需要基于公域交互平台（如抖音、小红书、头条），

以及私域交互平台（如微信个号、微信公号、微信群、APP），在平时做好用户交互运营工作，培养用户信任。并且，无缝打通交易商城（如小程序商城，实现用户边看边买、边玩边买、边听边买）。这样使得客户的购买戒备心理降低、决策过程更简单、购买路径更短链，成交效率也就更高。

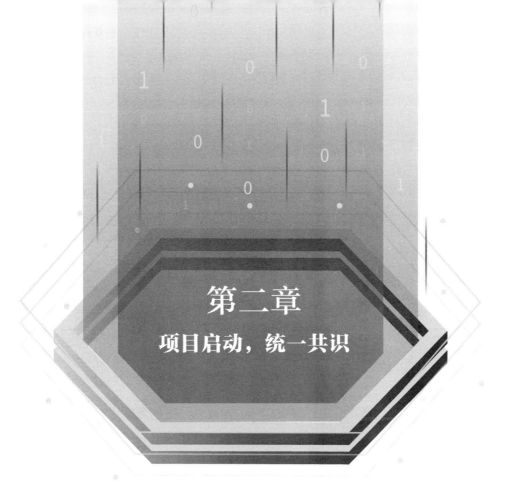

第二章
项目启动,统一共识

❝ 思想决定意识,意识决定行为",一致的数字化理解是数字化转型的前提。关于数字化理解,首先要清楚它是公司"战略范畴",而不是带货行为的"战术范畴"。数字化转型,并不是数字化渠道、数字化产品或者数字化用户这样的单一性考虑,而是需要从目标路径、场景规划、系统建设与组织保障四个层面进行系统思考。

第一节　故事-2　不同的数字化理解

一、启动转型会议

凭借着超强的"韧性+执行力",张董创业这么多年渡过一次次难关,这次同样如此。目前,在与朋友小刘的电话沟通中,他多次听到"数字化"这个关键词。那么,什么是数字化转型?它和信息化是一回事吗?这样的转型,从哪儿开始,需要哪些部门参与呢?

虽然他对数字化转型理解还不是很深刻,但他清楚转型是公司战略范畴,绝不是某个部门的事情,需要公司从上到下一起努力。于是,张董拨通了总经理李总、市场部王总、销售部方总、IT部门顾总以及其他相关部门负责人的电话。

"是的,没错,公司今年的困难不同以往,明天上午9:30在我的办公室,大家商量下怎么应对!"

"另外我们原本2018年要做的转型,因为大家意见始终难以统一,一拖再拖。这次疫情就是一次很好的提醒,不能再拖了,我们说干就干,明天我们也正式成立转型项目委员会,你思考一下,这个委员会,接下来怎么做?谁来牵头执行?"张董通知每位高管参加转型启动会议。

第二天早上9:30,会议开始了。

二、遭遇不同的数字化理解

"我觉得眼前的困局,是因为线上渠道发力不够,其实用不着转型,只要加大对线上的投入,我们就能增加收入。"销售部方总说道。

市场部的王总打断他道:"你以为,线上渠道这么好做,我们不是早就做了天猫吗?盈利了吗?而且线上的推广成本不比线下低,所以,营收还是要靠线下。"

销售部门方总接着说:"王总,那是因为我们没有抓住红利,眼下的红利是直播带货啊,你没看到这次疫情直播有多火,一边是网上直播带货热火朝天,另一边是我们的经销商门店开不了,在那儿干着急。"

……

大家一上来,就各抒己见,争先恐后地发言。

和以前一样,会议再一次陷入僵局。

此时,张董拿出了决断力,说道:"好了,好了,我们这次不要过多争论盈利点在哪儿的问题,这个话题聊得不是一年两年了,也没见到有多大转变,这次我们的重点是'数字化转型'。"

"数字化能帮助转型?"会议现场,大家同时产生了疑问。还没等张董把话说完,大家就议论纷纷。

"数字化转型"是张董从朋友小刘那儿听来的。虽然他这些年也听过很多"数字化"的话题,但什么是数字化,该如何转型,张董也是一头雾水。在座的李总、王总等高管都是传统专业出身,也说不出个所以然来。这里就剩下 IT 部门的顾总。

顾总眼前一亮,不知不觉中心里多了一丝欢喜。因为平时作为支撑部门，被其他部门"欺负"惯了，以往都只有从属、配合的份儿，现在貌似有了扬眉吐气的机会。

顾总看到大家相互观望而没人发言，自告奋勇地说："据我了解，马云在2016年云栖大会上提出新零售概念，这几年很多企业也都开始采购各种各样的IT系统，嫁接到企业，比如提的数字营销、千人千面，还有最近很火的直播、拼团，都要借助这些IT系统，所以，我们不妨和一些IT软件供应商聊聊，看看哪些软件适合我们。"

立派公司在过去10年中，在公司系统上的投入也有大几百万元，帮助公司的业务流程提效不少。那么这次数字化转型，是否就按照IT部门顾总所说的引入几套系统呢？直觉告诉张董，事情肯定没那么简单。毕竟张董在商场摸爬滚打二十多年，更加了解商业本质。

张董接着说道："我有不同理解，数字化转型要站在整个公司全局考虑，它属于公司战略范畴，需要战略性思考。绝对不是买一套IT系统那么简单。"

……

三、张董亲自挂帅，市场部牵头规划方案

张董对IT部门的提议提出质疑，觉得数字化绝不是IT部门独立能完成的，数字化只是过程和工具，应该为公司增收、提效、降本负责，最终影响到公司战略发展。

于是，张董说道："转型关系到公司战略，影响公司未来发展，这个转型工作肯定是由我亲自挂帅，那么谁负责这个项目的具体执行工作呢？"大家相互望望，沉默不语。

张董望向身边的总经理李总："你觉得谁来负责项目的具体执

第二章 项目启动，统一共识

行呢？"

李总回答："数字化过程，我想要以公司业务为导向，公司这半年处于亏损状态，我们必须要考虑数字化帮助盈利的问题，数字化也好、在线化也好，都是个概念，谁能帮助解决收入问题，谁就是好的。所以，我们需要先有人牵头把数字化的增收方案做出来，再来看看，应该放在哪个部门来执行这个方案。"

张董问大家："那么，谁来牵头制定这套方案呢？"

此时，大家相互看看，目光不知不觉转向了市场部王总身上。市场部长期以来都负责公司企划工作，数字增收方案也属于这个范畴，大家理所当然觉得应由市场部来完成。

张董看出大家的意思，其实这也和他想法一样，只是不便显露而已，说道："看大家意思，由市场部牵头啰？王总你意见如何？"

市场部王总，环顾四周的相关领导，显然知道做课题研究、写报告这种事情，也就他们市场部最擅长了。销售部个个是"武将"，笔杆子功夫肯定不行，而总经理办公室虽说负责公司未来发展战略，但对业务打法及市场的了解程度始终不如市场部，况且眼下大家都将眼光聚焦在他身上，也不便推脱。另外，剩下 IT 部门，做系统方面规划可以，但做业务增收的规划经验显然不足。

想到这些，王总点点头，"张董，没问题！"

经过一个半小时的研讨会，张董最终决定由市场部王总牵头执行计划，其他会议成员配合。

"好了，今天我们转型委员会就算成立了，我们在座各位都是班子成员。接下来，请总经理李总发文通知相关部门，市场部王总负责数字化转型的课题研究，你们市场部强人多，给你两周时间，出一份《立派数字化转型规划报告》，希望这份报告为我们下阶段的转型任务提供有效的指导意见,请在座各位都要积极配合王总的工作。王总,你中间有任何问题直接向我汇报。你还有什么疑问吗?"

面对这个全新课题,王总也有些拿捏不准。因为他对"数字化转型"也是一头雾水。况且在座的每个人都有本职工作要做,张董口中提到的部门配合,真等开始的时候,能配合的估计也没几个人,担子还是要他们部门"一肩挑"。

面对公司的委托,王总低下头,说道:"张董,没问题,我会尽力完成任务。"

"什么叫尽力完成?是一定要完成,而且是好好完成!"张董看到大家对转型还是半信半疑,显得有一丝恼怒。

王总看到董事长的坚定眼神与大家的期待,拉高音量,坚定地说道:"好的,王总,我一定完成公司交代的任务。"

四、理解偏差,埋下隐患

王总的"决心"一方面是给张董看,另一方面又像是对其他部门暗示:"看吧,我们市场部多么重要!"可能,这就是知识分子固有的那一点儿小清高吧。这种清高和自信过后,面对的是扑面而来的方案压力。

"到底什么是数字化转型?该如何转型呢?"他自言自语。

他回忆起阿里巴巴、京东提出的数字化转型概念。

"对啊,这些IT公司做了这么多转型案例,何不找它们的员工聊聊呢。"

"小萌,你帮我联系下,附近都有哪些做数字化服务的供应商,一定要找项目经验丰富的,先约4家吧!"王总说道。

小萌是市场部的骨干，听完立即行动起来。她快速地在网上搜索附近的 IT 供应商，登录它们的官网，看看它们的成功案例。

接下来的两天，王总一家家地与供应商们交流，最终收获 4 份公司介绍和 IT 标准产品介绍，以及成功案例。但，此时此刻，一颗隐患的种子开始发芽。他似乎忘记了张董在上次会议上强调的内容。经过交流，王总似乎心中有了"底"。

"数字化转型，离不开 IT，这些 IT 公司做了那么多项目，并且都为客户带来了效果，证明它们的产品是有用的。"他暗暗说道。

于是，他开始了"数字化转型报告"的撰写。其核心是根据自己公司的业务情况，将各家 IT 公司的系统功能进行整合。并且，他列举了大量案例，来证明这些系统对公司未来的业务增长是有帮助的。公司接下来要做的，就是要采购一套 IT 系统，来应对市场的变化。

五、张董的愤怒

两周很快就过去了。

委员会的班子抱着很大期望，来聆听王总的汇报。

……

时间一分一秒地过去，张董已经听不下去了，打断道："好了，好了，感谢王总的汇报。但是，你的整个方案都是以 IT 为视角写的，业务板块的分析少了点儿吧？尤其缺少战略视角的思考。看来我们上次会议还是没效果啊！"张董看似平静的语言，实则强而有力，这是对整个转型认知的否定。

有时候，看似的平静却给整个会场增加了紧张气氛，还不如来一场暴风雨似的批评，显得更加直接与通透。现在，王总被现场的气氛弄得喘不过气。他接下来该怎么办？

> **请你思考**
>
> 1. 什么是数字化转型？
> 2. IT 部门的顾总对数字化的理解为什么遭到张董质疑？
> 3. 王总规划的方案问题出在哪里？

第二节 解读：数字化转型的理解偏差

会上，大家站在自己部门的角度对数字化给出不同的理解。有的理解是"蹭热点"，借助直播带货的行为；有的理解是"信息化"，上一套 IT 系统；而有的理解为"在线化"，利用在线渠道进行带货销售。市场部王总的转型方案规划的失败，也是对数字化理解不清造成的。团队内部不同的理解会影响项目的执行意愿和效果。

一、3 类主要的理解偏差

（一）偏差一：数字化是 IT 部门的事情

本书第一章第二节提到"重心转移：企业优势由内部转向外部"。在 2010 年前，企业很少提及数字化概念，而更多提到"信息化"。"信息化"更多针对企业的内部优势建立过程，重点关注降低成本、提升效率指标。其主要实施对象包括：企业的资源管理、流程计划，搭建 CRM、OA、财务、ERP 等系统。相比于外部，企业内部的信息化对象相对可确定，变化周期长、幅度小，方案创新要求低。因此，其主要实施方式是由 IT 部门牵头，通过对管理与流程的调研以及 IT 实施完成。我们对该阶段的信息化过程，可以理解为：**由 IT 部门牵头，对既定资源与管理流程的数字化还原过程。**

但是，如果将过去信息化思维代入数字化转型就会存在问题。因为时代变了。数字经济时代，数字化需要帮助企业建立外部优势。

企业的外部优势强调对市场的敏锐洞察、客户获取、识别，以及个性需求的满足。相比于企业内部，外部市场不确定性更强、需求更复杂、业务导向性更强、迭代周期更快，这些都对方案创新要求更高。如果仍按照原有内部信息化方式实施 IT 过程，即：对既定业务流程进行还原，企业将会发现找不到这个"原"，或者说刚找到"原"，它又快速变化了。因此，数字化过程必须由对市场能够快速反应、业务敏感度高的部门牵头。这类部门需要贴近市场一线，能够快速捕捉市场变化，并且对市场业绩承担责任，如市场部门、渠道管理部门、销售部门或者独立的新零售部门。

因此，我们建议：互联网时代，企业的数字化由业务部门牵头更加合适。两个时代的特征对比如表 2-1 所示。

表 2-1　工业时代与数字时代 IT 对比

	1990—2000 年，工业时代	2010 年后，数字经济时代
牵头部门	IT 部门	业务部门
时代阶段	供给规模经济	需求规模经济
企业优势	内部资源与流程：降本、增效	外部营销与用户：增收
关注对象	资源、流程、管理	市场洞察、用户获取、交互、个性需求满足
数字特征	可确定、需求可控、创新要求低	不确定、需求多元不可控、创新要求高
IT 过程	对既定事实进行还原	敏捷应对飘忽不定的"原"

（二）偏差二：数字化是渠道部门的事情

经过调研发现，大部分企业将数字化业务（也被理解为新零售）放置于某个渠道部门之下。渠道主要分为电商渠道和门店终端渠道，这是由企业对新零售的理解决定的。

放在电商渠道进行管理，是将新零售理解为电商业务。企业主要在原有天猫、京东平台电商之外，开辟新的社交电商业务，比如，围绕拼多多、蘑菇街、环球捕手、抖音这类社交电商业务进行带货。放在销售部门进行管理，是将新零售理解为线上线下相互导流。企业依托门店及导购，进行线上导流带货。

当然，将新零售业务放在某个渠道之下管理，无可厚非，因为实施起来更容易，对组织改造小，渠道内部资源更加容易利用与管控，并且短时间能看到增收效果。但是，从公司运营角度看，公司内部渠道与渠道之间仍然割裂，数据打不通、用户打不通，也就难以建立以用户生命周期为主线的全触点、全渠道、无缝化、分层化的运营体系，无法挖掘用户更大的价值。另外，从用户角度看，更是难以形成统一化、无缝化的一致体验，消费体验存在割裂、不连续、不完整的问题。因此，**数字化部门或新零售部门，驾于渠道之上、以用户运营为中心、将渠道触点化成为关注的方向。**

（三）偏差三：数字化就是直播、拼团

有的企业做了直播、拼团，就认为自己做了数字化。这仅是利用数字工具进行带货，而数字化的对象需要围绕人、货、场多个对象展开，数字化的消费者、数字化的商品、数字化的运营、数字化的会员、数字化的赋能平台，横向跨越消费场景与运营场景，纵向

涉及公司前台、中台与后台。企业借助直播、拼团这类数字工具带货，能够快速增收见效，只能算作"量变"，却无法达到公司数字化转型的"质变"效果。

二、测试工具《数字化转型理解自查表》

企业要想实现数字化转型，上上下下达成共识是非常关键的，要对数字化转型有统一的理解。表2-2简单列举了企业对数字化转型理解的10个关键问题。企业可以在内部做个调研，看看大家的共识程度。

表2-2 数字化理解自查

问　　题	是否认同
数字化转型的项目委员会涉及公司业务、IT、渠道、市场多个部门	
数字化转型是公司一把手亲自牵头	
用直播、社群、线上渠道卖货不能代表数字化转型	
数字化转型的牵头单位是业务口，不是IT口	
数字化转型创新，伴随着试错，公司有一定容忍度，鼓励大胆尝试	
公司的机制非常灵活，能够快速敏捷应对当前互联网的变化	
公司的数字化转型，经销商和一线人员能够积极配合	
公司的数字化转型，涉及公司多个部门，大家都积极配合这个项目	
公司的转型规划，大家都积极献言献策，不是"闭门造车"	
公司的数字创新，会先试点、做样板，而不是"一起上"	

以上10个问题，涵盖业务场景、IT实施和组织结构三个方面，一致的理解将为后续的推进执行铺平道路。如果大家理解仍然不一致，

建议请外面的相关专家给予指导，或者参考学习本书下一节的内容。

第三节　应对：理解数字化的成功关键，达成共识

系统性地理解数字化过程，应该从目标、场景、系统、组织4个层次进行，如图2-1所示。

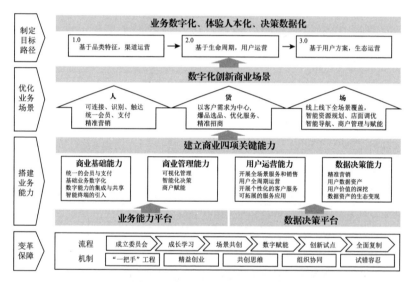

图 2-1　数字化理解层次结构

根据图2-1，表2-3进一步罗列了各层次的"共识关键点"。企业需要在上述4个层次上，达成这些关键点的共识。

表 2-3　数字化的关键共识

共识层	共识点	共识内容
目标层	1. 数字化目标	变革委员会对本次数字化转型的目标有统一认识
	2. 业务发展路径	大家清楚：本次数字化转型的发展路径，知道每个阶段的业务重点

第二章　项目启动，统一共识

续表

共识层	共识点	共识内容
场景层	1. 业务实现场景	大家清楚：本阶段的业务重点对应的关键业务场景
	2. 场景共创	大家认同：场景创新，需要大家群策群力，集体共创
	3. 确定优先级	大家认同：场景实现需要排序，实施难度低、收益大的先开发
	4. 场景迭代	大家认同：场景创新需要从最小原型开始，选取试点，精益迭代
系统层	1. 系统需求	大家认同：系统需求是依据场景的顺序，由粗到细，梳理出能力需求
	2. 中台结构	大家认同：将能力中台化，能有效打破数据隔离、缩短开发周期、降低开发成本，快速应对市场变化
	3. 开发模式	大家认同：系统的开发模式，可以自建或者采购SaaS服务
	4. 系统集成	大家认同：系统的建设，不是将原系统推倒重来，而是结合系统现状，制定高效的系统集成关系
保障层	1. 一把手工程	大家认同：一把手牵头是项目有效推进的关键，项目负责人直接向一把手汇报
	2. 组织结构	大家认同：数字化部门要有独立性、权威性与扁平性
	3. 绩效激励	大家认同：跨部门的绩效目标共享，以及从试点到复制的过程，要引入不同的绩效机制
	4. 落地传导	大家认同：机制设定、垂直管理、成功样板、一把手亲推是项目传导落地的关键
	5. 项目流程	大家认同：正确的实施流程是有效保障。依次为：成立项目委员会、成长学习、场景共创、数字赋能（IT实施）、创新试点与验证、全面推广复制

下面，按每个关键共识一一讲解。

一、目标共识

数字化转型的第一步便要弄清自己数字化的战略、目标与路径。参与数字化转型的成员，必须对此达成共识。

（一）确定数字化目标

数字化目标可根据公司的品类特征、业务目标、品牌目标、增长战略等进行构建。战略目标是公司业务方向和执行的框架。实施数字化只是企业战略的一种手段，是为公司战略服务的。因此，企业实施数字化一定要紧密契合公司战略框架。方法之一就是要仔细研读公司未来发展的指导意见，从中找到数字化的目标。目标可涵盖与品牌、业务、用户和运营相关的内容。在图2-1的目标层中：**业务数字化、体验人本化和决策数据化是转型目标可选项**。它分别从业务运营、用户体验和管理决策三个角度提供了目标参考。

举个例子，某家高铁商业公司的战略指导中给出了明确的数字化意见："加快商业信息化建设，充分利用物联网、大数据、云计算、人工智能等前沿技术，在安全管理、经营开发、旅客服务等方面推动创新工作。重点推进商业管理平台及数据中心的建设，拓展管理末端，具化卡控项点，实时掌握关键指标运行情况，实现客站商业运营状态、安全管理和旅客服务的综合评价和全时总控，提升商业管理整体效率和品质。探索推进商业数字化运营模式，分析空间资产销售数据（坪效）和客流资产消费数据（客效），研判趋势变化，辅助管理决策，提升旅客服务体验和消费黏性，为实现商旅生态链大数据共享奠定基础。"

数字化实施团队对指导意见分析后，将数字化抽离出三个场景、两个重点和一个探索，即

- ■ 三个场景：安全管理、经营开发、旅客服务。
- ■ 两个重点：建设商业管理平台和数据中心，并应用于商业

运营管理、安全管理、旅客服务管理方面。
- 一个探索：探索数据驱动运营的体系，如：监控坪效和客效，辅助决策。

因此，公司战略能为数字化实施提供方向指导，告诉企业的数字化目标，不至于走偏。如果公司战略文件里并未明确数字目标，数字化实施团队必须邀请公司核心人员或者外部专业人员，从战略视角，发起目标的研讨会议，共同商议决定。

（二）确定数字化的发展路径

数字化路径可以分为三个发展阶段，分别为：全渠道带货阶段、用户运营阶段和生态运营阶段。

1.0 阶段　基于产品品类，进行全渠道带货

全渠道运营能够快速增收，短期看到效果，这也是企业最急需的。2015 年，"互联网+"概念提出，各种互联网思维告诉企业，先有用户再有客户：利用免费思维，沉淀大量免费用户，然后通过用户运营产生消费变现为客户。这种思维比较适用于互联网企业，但反观传统企业，并没有照做。它们仍然以"渠道带货"为核心，先有客户是前提，快速营收是关键。它们将"互联网+"理解为利用互联网渠道进行商品销售，认为"品牌是卖出来的""用户也是卖出来的""不能快速赚钱的方法和工具都是'耍流氓'"。所以，平台电商、社交电商、视频电商就迎合了企业的初衷，成为企业争相学习的对象。因此，利用数字渠道开展全渠道带货是这个阶段的关键。

"互联网+""新零售"也好，"数字化"也罢，不要妄想一步到位去改变企业的基因和原有思维，而是先去适应固有思维，然

后渐进优化。基于这样的事实，企业数字化的第一个阶段，便是找到最优的渠道配置，少投入、高产出成为关键。当前，除了传统的利用天猫、京东这类电商平台带货外，还有两类渠道值得关注：一是基于公域流量，利用社交电商、视频电商渠道进行带货，如拼多多、环球捕手、抖音，这类平台在电商中存在结构性红利。二是基于私域流量，利用**"门店终端＋导购＋微信号/微信群＋小程序"**进行带货。它利用门店与导购的"贴近"优势（离客户近、更容易开展服务、满足消费者日益增长的体验需求）、流量优势（基于私域流量、线上线下导流、获客成本更低）、小程序交易的全时优势（不限营业时间）与全域优势（不限营业地点），延展了门店经营的时间和空间，带来更多变现机会。

因此，这两类渠道，将会是企业的增收重点。

另外，需要强调的是：**借助全渠道带货的契机，企业要有意识地沉淀"私域用户"与"会员用户数据"，这个将是 2.0 数字阶段的"原材料"，是进入 2.0 阶段的衔接关键。**

2.0 阶段　基于生命周期，开展用户运营

在 1.0 阶段，借助全渠道销售，能够快速增收，并且产生大量"私域用户"与"会员用户数据"，但却会遇到客户体验差、黏性低、复购难、流失快的问题，因为企业的关注重点仍是产品与渠道，而非用户。因此，**面向"私域用户"，以"会员用户数据"作为驱动，开展用户生命周期的运营，成为本阶段的关键**。企业需要思考的是如何延长客户生命周期，并且在周期内挖掘更大的变现价值。

关于生命周期的运营，企业可以用"拉新—互动—转化—分享"作为运营的四个关键阶段，将用户获得量、用户活跃度、用户留存率、用户消费量以及用户推荐量作为考量指标，进而定义对应的关键业务动作，以及对应的组织配置。这与 1.0 阶段主要考量渠道营收有显著不同。好在经过这几年的"互联网+"的教育以及 IT 软件厂商的教育助推，传统企业在细微之处已有了改变倾向，如"发展触点会员""搭建私域流量"。以下场景就是企业改变的迹象：用户阅读了某个软文、短视频，或者参加了某场商家的活动，关注了企业公众号，然后被分配一个电子会员卡；用户扫码点餐，自动关注公众号，然后被分配一个电子会员卡；用户扫码支付后，提醒你有一张电子会员卡未领取；门店导购加客户微信好友，并将客户拉进社群；售后人员电话回访客户，希望加客户微信，并让客户关注公号，为客户分配电子会员卡。

以上，都引入了"触点即会员""搭建私域流量"的新思维。商家借助各类用户触点，借助二维码这样一个神奇的连接工具，拉新用户、加粉用户、沉淀用户。这是开展用户运营的第一步，为用户运营建立基础用户量。

企业虽有改变倾向，但也有遗憾的地方：一个是，用户沉淀到私域流量池却很少有后续的互动运营，于是产生了大量"僵尸粉"；另一个是，用户纳入会员系统却没有基于会员数据的分层营销动作，产生了大量"沉默会员"。究其原因，是因为企业的运营结构仍然延续 1.0 阶段的全渠道带货特征，组织绩效体系都围绕渠道带货搭建，并未涉及"拉新量、活跃度、留存率、推荐率"这类 2.0 阶段的核心指标，于是也没有建立配套的运营流程、组织绩效与岗位支持机制。

同时，让 1.0 阶段的组织去做 2.0 阶段的事情，也会显得力不从心。比如：它们了解到"私域流量"的重要性后，便规定业务人员将客户导入微信号、微信社群，然而，却并没有去运营。用业务人员的话说："一来是没精力、没时间运营；二来是没能力、不会运营；三来是没动力运营，做了也不会给我涨工资。"

因此，2.0阶段，基于用户生命周期的运营体系，不是简单地利用公众号、微信群、个人号拉新加粉，或者引入一套IT工具，还需要统一思想、优化流程、调整组织与绩效、提升人员能力等多个方面配合，这样才能真正意义上做到用户全周期的运营。

3.0阶段　基于意义的用户方案，开展生态运营

2.0阶段要求企业挖掘客户全周期价值，带来深度变现，同样也要求企业建立重要的"用户资产"。那么，3.0阶段考虑的是更大范围的资产变现问题。但这并不是说有了用户，便是想卖什么就卖什么，而是需要找准产品背后的意义，重新定位用户价值，制定用户方案，并匹配与用户方案对应的供应链体系。上一章也强调过这个观点，即："存量时代的'货'，从单一品类的商品销售到基于用户生活细分场景的多品类销售。"**企业要从"功能使用"为中心的产品使用价值，升级为"生活赋能"为中心的产品生活价值、体验价值和人文价值。**

在《意义创新》中，作者罗伯托·维甘提（Roberto Verganti）提出企业最稀缺的资源，不是创意，而是在大量选择中看到有意义的方向的能力。企业需要重新思考人们使用某一产品的新的原因、新的价值主张，这个主张便是产品背后的意义，一种对生活的理解，对爱的追求。如果产品不具备这类价值，即使性能再好，人们也不会爱它。此时，企业要做的是"基于产品，赋能用户新的生活意义"。

如：方所，赋予了商业空间新的消费意义。它一改传统商业卖货的做法，用美学来阐释生活，以当代生活审美为核心，涵盖书籍、美学生活品、植物、服饰、展览空间、文化讲座与咖啡的公共文化空间。它成为汇集人潮、激荡思想的多元素发表平台,并开创了一种富有生命力的新城市生活模式。

方所的意义创新如表2-4所示。

表2-4 方所的创新对照

商 业 空 间	消费者价值
行业原有意义	"我想买到我所需要的商品"
"方所"赋予的新意义	"我想要感受一种新的城市生活模式"

又如:爱彼迎(Airbnb)赋予了旅行服务新的意义。它本是一个旅行房屋租赁社区,用户可通过网络或手机应用程序发布、搜索度假房屋租赁信息并完成在线预订程序。与传统租赁方案不同,它注入了旅游当地的人文价值,提供居家体验、特色奇居、融入当地特色服务,赋予消费者新的出行意义:"与世界共情的出行方式。"

目前,Airbnb业务已经扩展到为房主提供摄影服务、保险方案,为旅行者提供地理位置、周边综合旅游信息、灾害预警、供需双方解决争议、存款与支付等综合性服务平台。

Airbnb的意义创新如表2-5所示。

表2-5 Airbnb的创新对照

旅 行 服 务	消费者价值
行业原有意义	"我想找到安全、高品质旅行的房间"
"Airbnb"赋予的新意义	"我想投入旅行地真实的社会文化生活中,感受当地人文"

3.0数字化阶段,商品过剩,消费者选择性疲劳,企业需要依托数字化工具,开展"赋能用户生活"的意义创新,重新定位、交付新的用户价值,最终实现企业的平台化和生态化。关于这点,营

销之父菲利普·科特勒（Philip Kotler）在《营销革命 3.0——从产品到顾客，再到人文精神》中也有阐述："数字时代下，价值驱动营销兴起。营销者不再把顾客仅仅视为消费的人，而是把他们看作具有独立思想、心灵和精神的完整的人类个体。如今的消费者正越来越关注内心感到焦虑的问题，希望能让这个全球化的世界变得更好。在混乱嘈杂的商业世界中，他们努力寻找那些具有使命感、愿景规划和价值观的企业，希望这些企业能满足自己对社会、经济和环境等问题的深刻内心需求。"即他们要寻求的产品和服务不但要满足自己在功能和情感上的需要，还要满足在精神方面的需要。

请你思考

1. 我公司的数字化目标是什么？
2. 我公司数字化发展路径如何？
3. 目前重点发展哪个阶段？

二、场景共识

围绕数字化目标与路径，创新企业的业务场景并且试点测试、精益迭代、快速优化，直至全面复制。

（一）确定数字化应用场景

对应数字化目标，大致可以分为：智慧购物、智慧运营、智慧管理三大场景。

1. 用户侧：智慧购物场景

基于客户"省时、省钱、省力、省心"的动机，以消费者购物全程为主线，围绕"功能范围、服务范围、体验范围、社会认同范围"

四个层面，进行需求梳理与相应的场景设计，力求实现最短的购物路径、最佳的购物搭配、最便捷的购物方式、最愉悦的购物体验。

2. 运营侧：智慧运营场景

建设商业基础能力，打破各业务单元的数据孤岛，共享通用能力，统一商品、统一会员、统一支付、统一订单，实现各业务单元的营销协同；为终端及导购赋能，包括：销售赋能、管理赋能、供应链赋能、内容赋能、可视化报表与数据分析等；围绕用户生命周期运营，包括：推广拉新、互动促活、交易变现、分享裂变以及运营分析等各类场景。

3. 管理侧：智慧决策场景

以数据（销售终端数据、品牌方数据、第三方数据）为基础，跟踪门店及导购的人效、坪效、品效，进行可视化的数据跟踪与智慧决策，可应用于消费链路优化、终端资源规划、选品规划、门店陈列、导购绩效提升等。

（二）共创技术，能帮助场景创新与未来执行

一方面，团队共创能制定出比个体"闭门造车"更好的创新方案。一般来说，场景绘制工作都是交给IT部门的需求管理人员或者业务部门的企划人员独立完成。这种绘制方式对封闭的、无须创新的流程是可以的，但以"创新、变革"为重点的数字化过程就显得不适用。创新需要"群策群力"，提出超越现状的假设，因此"共创"显得非常必要。

另一方面，业务场景在未来的落地执行中，将涉及跨部门协同与资源调配工作，因此，跨部门人员在场景规划阶段的参与，既能收集多方意见，保证规划的实用性，也有利于项目落地的推动执行。

（三）确定场景优先级，快速见效很重要

在竞争压力巨大、市场快速变化的情况下，企业都希望快速看到投入的效果。数字化过程虽不能一蹴而就，但可以结合企业现实条件（IT能力条件、基础数据条件），先尝试一两个企业关心的场景，只有尝到甜头，企业才有继续投入的愿望。关键是确定场景实现的顺序，优先开发实施容易且见效快速的场景。

这方面，笔者服务的客户中也有反馈。比如，某商业连锁企业的项目接口人对我说："你为公司设计的场景很丰富、很有亮点，涉及多个层面。这点非常好。但能不能不要一下全上，有些需要外部数据，有些需要重新开发，时间周期有点儿长啊，老板等不了。是不是可以先根据公司现有的IT系统、以及现有的客户数据，找一两个关键的场景，在一两家门店里运行起来，让我们看到效果，也方便我汇报，毕竟老板要看的是结果。看到了效果，也能坚定老板的数字化决心。"

（四）以最小场景原型开展测试，精益迭代

场景的创新，事先就要想到未来在公司全面推广与复制。关键是"最小原型，试点测试"，这样能够避免花过多的精力在非必要的功能上。场景创新方案在落地之前，只是"书面上的一种假设"，需要在真实场景中去测试创新的有效性。这里推荐"精益创业"的方式。"精益创业"是基于最小化可行产品（Minimum Viable Product，MVP）快速试错、逐步迭代的管理方式。强调行动过程中将创新的场景制作成"最小原型"，经历一次完整的"开发—测量—调整"循环，花最少的力气、最短的时间，检测创新场景的有效性。

综上，场景共创、场景优先排序、场景最小原型开发与测试是构成场景创新的要素。它既能避免创新失败的风险，又能快速见效，增强企业的信心。

请你思考

1. 公司的数字化面向哪些关键场景？
2. 如果按先后顺序，哪几个是要优先解决的？

三、系统共识

（一）根据场景的顺序，由粗到细，梳理出能力需求

场景层界定了关键业务场景，并进行了排序。接下来，就是针对重点场景进行业务能力的梳理。**能力的分析是下一步开展系统实施的前提条件，将为系统开发提出需求。**

这里主要介绍四个方面的能力，并对应若干能力子项：

- 商业基础能力：统一的会员与支付、基础业务数字化、数字能力的集成与共享、智能终端的引入。
- 商业管理能力：可视化管理、智能化决策、商户赋能。
- 用户运营能力：开展全场景服务和销售、用户全周期运营、开展个性化的客户服务、可拓展的服务应用。
- 数据决策能力：精准营销、用户数据资产、用户价值的深挖、数据资产的生态变现。

上述能力还可以一步步往下细分。以其中的"用户运营能力"为例进行细分，如图2-2所示。

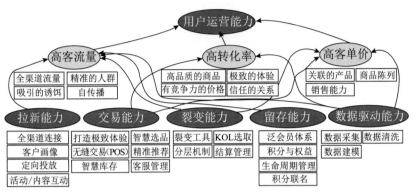

图 2-2 用户运营能力分解

用户运营能力可进一步分解为：拉新能力、交易能力、裂变能力、留存能力、数据驱动能力。每项能力还可以进一步细化。清晰的能力描述是制作系统开发需求的前提，是从规划阶段到开发阶段的重要衔接。

（二）将能力中台化，打破数据隔离

经过前面业务场景与业务能力的分析，我们进入IT系统实施阶段，用IT系统帮我们实现业务场景所需要的能力。其关键是将通用能力中台化，并将数据汇聚于中台，打破数据孤岛。

什么是能力中台？为什么要将能力中台化呢？

传统系统的建设模式都是由各个集团子公司、各个部门提出系统建设需求，IT部门响应需求，进行招投标，开启系统建设工作。各个部门之间由于缺少统一的需求规划，导致系统林立、系统之间缺少关联、系统间数据定义不标准、系统功能模块重复建设的问题。于是以中台框架为代表的系统架构进入我们的视野。传统系统与中台系统的架构对比，如图2-3所示。

第二章 项目启动，统一共识

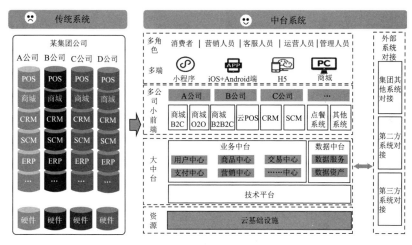

图 2-3 系统架构对比

图 2-3 中，传统的系统架构像烟囱一般独立在子公司或者部门内部，这种结构存在诸多弊端，包括：业务系统重复建设、信息与数据分散、数据与 IT 能力不能共享、系统功能不能随业务变化、不能快速支持新业务、无法赋能渠道终端，以及性能得不到保障，某个节点出问题会导致关联系统无法运行等。

相比之下，中台架构的好处显而易见。

1. 避免重复开发，节省成本

企业通过抽象、梳理、整合可复用的功能和场景，将其提炼为可被业务单元引用的基础能力并下沉，避免重复造"车轮"，实现功能快速复用。在开发前期，中台架构的系统建设费用要高于传统架构，但随着后期更多的系统建设需求，功能复用性得以发挥，将大幅节省建设成本 50%~70%。

2. 提升企业效能

传统的系统建设像烟囱一般林立在企业内部，导致部门公司之间的业务往来使用不同的系统语言的问题，沟通效率低下。这是不同系统之间的数据规格和定义标准不同造成的，而中台架构，让部门、公司间使用基于同一个平台生成的系统，统一的数据定义、数据标准，即统一"度量衡"，将大幅提升沟通效率，避免部门摩擦。

3. 让企业具备灵活应对市场变化的能力

VUCA 时代（不确定性、易变性、复杂性和模糊性），企业需要灵活敏捷地应对，而中台是能力的集成，可以根据市场前端场景，快速被响应与调用。以前开发一个活动小程序需要一个月，现在只需要 5~8 天，更加适应了市场的快速变化。生成一款全新的 APP、一个 H5 活动页面、一个独立网站、一个营销系统的开发周期都大幅缩短，这正是应对 VUCA 时代的有效方式。

4. 加速企业数据资产的形成

传统系统架构的公司，数据分散于各系统之间，难管理、难汇聚，而使用中台架构，数据统一汇聚在一个系统平台中，易于管理，可以帮助公司快速沉淀数据资产。有了数据资产，公司未来就有了更多变现的机会。

阿里巴巴、京东、腾讯等公司纷纷落地实施中台架构。2015 年，阿里巴巴集团启动了中台战略，目标是要构建符合 DT 时代的"大中台、小前台"的组织机制和业务机制，即作为前台的一线业务会更敏捷、更快速地适应瞬息万变的市场，而中台负责集合整个集团的运营数据能力、产品技术能力，对各前台业务形成强有力的支撑，如图 2-4 所示。

第二章 项目启动,统一共识

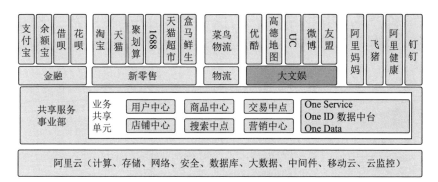

图 2-4 阿里巴巴的中台架构

阿里巴巴在后端阿里云技术平台和前端业务之间有"共享服务中心"。该中心将数十个业务单元中的公共、通用的业务及数据沉淀下来,包括用户中心、商品中心、交易中心、数据中心等,是"厚平台"的真正实现。而后端的阿里云提供计算资源和中间件 SaaS 云服务能力作为载体借助可靠、稳定的运维保障能力,对整个系统进行支撑。

(三)确定模式:系统自建或者采购 SaaS 服务

央企、国企及部分大型企业,有资金实力、业务场景复杂,对个性化业务以及数据安全性有更高的要求,那么自建是最好选择。

然而,中小微企业如何获得中台能力呢?它们资金有限,业务场景相对简单、个性化开发要求低,希望能够快速见效。这里就建议采用租用的方式,采购 SaaS 服务的模式,即租用第三方能力,根据租用的能力模块,周期性付费。

于是,社会上涌现出一批以微盟为代表的 SaaS 服务平台企业。它们贴合企业运营场景,将企业所需要的营销、运营、管理等各项能力汇聚成一个系统软件，统一向企业赋能。租用该系统的企业能够快速获得数字化能力，解决了企业独自搭建中台的高成本、高门槛问题，如图 2-5 所示。

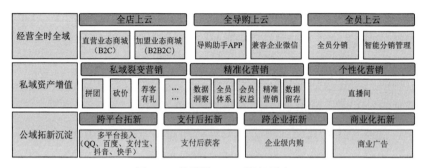

图 2-5 微盟的 SaaS 服务平台

SaaS 服务平台上，随着商业案例的增多，能力在实践中快速迭代与丰富，能够满足绝大部分企业的需求。例如，微盟的 SaaS 服务平台提供各种业态的商城，面向门店、导购和全员，提供全面上云服务，实现任何时间和地点的交易；提供裂变营销、精准营销、个性营销等推广工具，帮助企业拉新引流，建立自己的私域流量资产；提供围绕消费流程的全触点广告投放，尤其是跨平台的消费触点，接入 QQ、百度、支付宝、抖音等平台，帮企业定向广告投放，拓展公域流量。

因此，与 SaaS 服务平台合作，企业可以少花钱、快速地获得推广、变现、留存各方面的数字化能力。

（四）数字化实施过程，要结合公司现状，不是推倒重来

经历过信息化阶段的企业，公司内部往往林立着大大小小的 IT 系统。为了配合实施新的数字化，将会面临原有系统的改造甚

至替换的可能。但真要改造或替换的时候，将会遇到很多问题。

一方面，采购流程复杂与灰色利益成为阻碍。笔者在为某家大型商业连锁做数字咨询的时候，提出更换它的 CRM 系统，但因为 CRM 系统的供应商与它已经有十几年的合作关系，与公司多个部门有着千丝万缕的联系，且通过正规的招标流程入选，替换系统的流程非常复杂。另外，很多企业的采购环节存在灰色交易的可能，在隐形层面，想要替换系统也会遭遇人为的阻碍。

另一方面，替换和改造的成本大。笔者服务的某上海的知名快餐连锁企业内部的店铺管理与营销系统采自美国，系统花费巨大，但因为国内市场"打法"更新太快，该系统难以适应，服务商的开发能力无法满足要求。当笔者提出引入国内的营销系统的时候，公司非常迟疑，认为推倒重来的代价太大，于是没法执行替换。

因此，数字化不是简单地搭建一套系统，而是需要在原有系统能力和新的能力目标之间找到平衡方案，以最小的代价实现目标。

请你思考

1. 列举公司 1~2 个关键业务场景的建设需求？
2. 确定系统的实施模式，自建还是租用 SaaS 服务？

四、保障共识

（一）"一把手"工程，提供资源、时间和投资，能有效推动变革

转型是整个领导层思维的转变，要靠"一把手"自上而下推动。马云曾说："转型要先转变领导者的脑子。"一把手"要率先改变

思维，只有自我否定，坚定数字化方向，才能更好地转型与升级。"苏宁的张近东表示："集团转型，归根结底是每一个人的转型，要落实到每个人的思想和行为的转型上。"埃森哲大中华区主席朱伟提道："企业数字化转型不再是一个 CIO 工程，而是一个 CEO 工程，不可能仅仅修修补补，而必须有一个完整的应对战略。从战略、组织一直到运营，从前端到后端，从客户端到运营端，提升其竞争力，基于全方位的数字化战略，再去抓住一些关键的场景打造。"

转型必将触动一部分人的利益，所以要想成功，离不开"一把手"的强力推动。企业数字化转型，强调线上与线下融合，卖货场景多元化，消费者边看边买、边听边买、边聊边买。实体带货渠道从"唯一"变为"之一"，地位弱化。因此，传统实体渠道"失宠"势必会对数字化过程造成阻力；另外，数字化强调以用户为中心的周期运营，渠道的定位从带货中心变为用户运营的触点，在数字化部门的统一协调下工作，也是"失宠"的表现。曾经的"渠道为王"转变为"用户为王"，掌控用户的部门地位更高。这类冲突，也会对企业数字化造成阻碍。再者，数字化过程涉及市场、渠道、电商、IT 多个部门的协调工作，这个协调工作非"一把手"莫属。

公司统一搭建"IT 中台"，势必会打破各部门"烟囱式"系统格局。需要各部门将系统能力统一集成到中台，将数据汇总到中台，打破各部门间的数据隔离，部门工作流程与习惯需要改变，也会触动各部门与 IT 服务商的利益关系。因此，需要"一把手"统筹全局。

（二）合理的组织结构是跨部门合作的基础

组织结构是业务发展的支持保障。在数字化发展的路上，1.0

阶段强调全渠道运营，数字部门视作"渠道带货中心"，即在某个渠道内部搭建新零售业务板块，开辟增收新途径。该方式对组织结构改变小，能有效调动渠道销售资源，快速增收，但存在渠道割裂、数据打不通，用户体验不连续的问题。

2.0阶段，数字业务提倡从渠道运营转向用户运营，渠道只是消费者交互、交易、交付的触点，以用户生命周期为主线开展运营，就需要对各个渠道触点进行综合管理与协同。因此，在渠道之上独立设置一个数字业务部门（或者叫新零售部门）就显得很有必要。

1.0阶段与2.0阶段的组织比较如表2-6所示。

表2-6 不同阶段的组织形态对比

阶段	组织形态	优势	劣势
1.0渠道带货中心	在某个渠道内部搭建新零售业务板块，开辟增收新途径	• 对现有组织结构改变小 • 有效调动渠道资源 • 快速增收，快速见效	• 渠道割裂 • 全渠道流量难打通 • 数据难打通 • 用户体验难连续
2.0用户运营中心	渠道之上，独立设置新零售板块，以用户生命周期为运营主线，全渠道为触点，协同运营	• 用户体验好 • 用户生命周期延长 • 挖掘用户更深价值 • 帮助公司建立全渠道、一体化运营体系	• 渠道资源调配难 • 需要一把手全程参与、全力支持 • 触及某些部门利益

但2.0阶段的难点在于，数字业务部门如何与渠道部门相互协同，原渠道部门如何有意愿配合数字部门开展新业务。渠道终端的配合度，主要受制于两个关键指标：可控性与目标统一性，也就是渠道终端执行是否可控，数字化目标与渠道终端执行的业绩目标是否统一。

根据"可控性"与"统一性"这两个指标，我们可以有三种方案，如图 2-6 所示。

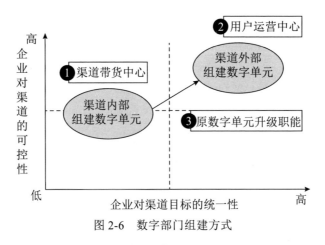

图 2-6　数字部门组建方式

方式一：渠道内部组建数字单元

适用于某渠道收入比重较大，企业对终端的掌控力一般，且数字化目标与终端销售目标不一致的情况。这时，企业可以直接在该渠道内部搭建数字化团队，由该渠道负责人直接管辖数字化过程。某些企业的自营渠道相比合作渠道可控性更强，且自营营收比重大，其负责人话语权大、威望高，可优先考虑在自营渠道内部组建数字化团队。

方式二：渠道外部组建数字单元

适用于对渠道有绝对掌控力，且渠道的运营目标与公司数字化战略高度统一的公司。此时，企业可以将数字化部门驾于各个渠道部门之上，协同各渠道工作。这种方式以用户为中心，将渠道抽象理解为用户触点，开展线上线下融合的、全周期的运营。但目前，采取方式二的企业相对方式一少些。因为渠道是公司营收的核心，渠道负责人有充分话语权，在收入作为主要考核目标的情况下，很难短期抽身兼顾数字化目标。他们难以配合完成数字化部门提供如拉新数量、用户活跃数量、用户留存数量这些指标。这里，更加推荐方式三。

方式三：从方式一切入，然后升级为方式二

先开展方式一，即在某核心渠道内部组建数字运营团队，待运营成功后，升级为用户运营团队，即进化到方式二。此时该团队从原来单一触点管理，升级为以用户运营为中心的多触点管理。触点之间相互协同分工。此时，有两点很关键：一是需要"一把手"亲自挂帅，至少是统管公司所有销售工作的总经理负责；二是业绩要共担，数字化运营的KPI要与各渠道部门共担，共同考核。

方式一是符合1.0阶段特征，围绕"货与场"的运营架构。方式二是符合2.0阶段特征，围绕"人"的运营架构。

以新零售业态为例，2.0阶段的数字部门（这里指新零售部门）需要具备跨部门管理与协调能力，组织关键特征是独立性、权威性与扁平性。关于独立性，只有独立架构才能便于协同。如果按照方式一，放在渠道部门或者电商部门，其发展必然受限。关于权威性，新零售部门需要直接向CEO汇报，否则跨部门协调只是一纸空谈，难以得到其他部门配合。关于扁平性，要求新零售部门可以直接对接终端门店或者经销商，而无须经过中间管理部门，这样能提升沟通效率，运转更灵活和高效。组织架构关系如图2-7所示。

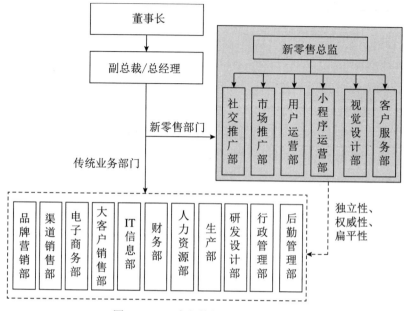

图 2-7 2.0 阶段的新零售部门架构

如图 2-7 所示,新零售部门独立在传统业务之外,对传统业务有协调权,且直接向"一把手"汇报。内部的各个部门与岗位如表 2-7 所示(供参考)。

表 2-7 新零售部门岗位参考

部门	参考岗位	参考职能
社交推广部	新媒体经理岗 新媒体推广岗 社群运营岗 直播运营岗	**社交裂变与传播:** • 社群拉新、裂变与转化 • 直播引流、推广与变现 • 公域流量推广(小红书、抖音、快手、B 站、微博、社交广告) • 短视频制作与引流 • 视频号拍摄与推广

续表

部门	参考岗位	参考职能
市场推广部	市场经理岗 市场拓展岗 活动策划岗	**市场策划与推广：** • 异业联盟资源拓展 • 日常活动：线上与线下活动策划与组织 • 节假日活动：线上与线下活动策划与组织 • 门店二维码布点，触点包围用户 • 门店平面与 POP 物料
用户运营部	互动经理岗 用户运营岗 会员管理岗 数据分析岗	**私域流量管理与运营：** • 公众号运营（千店千面、内容策划与精准投放） • 个号、社群互动内容策划与素材准备，提供一键转发 • 运营数据分析与机会挖掘 • 会员体系搭建与优化 • 微信 / 企业微信搭建 • SCRM 系统（即社交化客户关系管理系统）管理与迭代
小程序运营部	小程序经理岗 直营店运营岗 加盟店运营岗 商品运营岗 小程序管理岗	**线上与线下融合运营：** • 小程序商城运营 • 商品陈列与上下架 • 商城活动运营 • 门店终端 / 导购业绩跟踪 • 新零售市场政策与规范管理 • 终端 / 导购赋能与培训（业务运营、销售、系统使用） • 小程序系统管理与迭代
视觉设计部	视觉经理岗 网页设计岗 平面设计岗	**视觉优化：** • 小程序网页 / 平面设计 • 千店千面视觉设计与管理 • 线下 POP 制作 • 个号、朋友圈、社群 VI 形象设计 • 日常 / 节假日活动页面设计 • 社交导流广告 Banner 与着陆页设计

续表

部门	参考岗位	参考职能
客户服务部	客服经理岗 客服专员岗	提升用户体验： • 售前服务 • 售后服务 • 处理退换货订单 • 处理异常订单 • 管理分公司在线客服 • 搭建服务标准，并监督管理 • 客户投诉公关处理

（三）正确的绩效激励，是跨部门合作的保障

数字化过程需要跨部门协作，而部门之间具有协作意愿的关键是绩效激励。尤其是从 1.0 的渠道带货阶段到 2.0 的用户运营阶段的过渡期间，两者存在目标与利益的转换问题。1.0 阶段依赖渠道销售部门带来营收增长，2.0 阶段依赖用户运营部门（即新零售部门）带来用户增量和活跃。而 2.0 阶段，用户运营部门又需要借助渠道销售部门去拉新、拓客与用户运营。如果渠道销售部门没有相关的绩效激励，则没有动力和意愿去配合。这方面，调整各部门的绩效考核机制就显得非常必要。比如：笔者服务的一家酒水连锁企业，为了搭建私域流量池，给每家门店设定了"用户拉新指标"，要求门店导购对每个进店客户加好友，电话回访加好友，周边社区发传单加好友，并在门店里里外外广泛布置"吸粉"二维码。这家企业每个月还会公布导购的拉新排名，对优秀者给予奖励。

为了搭建私域流量池，给门店设置拉新考核并没有错。但在实际工作中，却存在若干误区。

第二章 项目启动，统一共识

一个误区是过于关注拉新，而忽略了活跃、留存。大多数企业还是 1.0 阶段的卖货思维，认为把用户拉进群里或个账号里，发送广告就能带货，而不关心用户是否"存活"。2020 年来，诸多零售企业反映"公司搭建了很多群，但都是'僵尸群''僵尸粉'，用户不活跃，一旦推送卖货广告就会掉粉"。这个问题的启示是**公司需要从"拉新关注"转向"活跃关注"与"留存关注"**。拉新是外功，通过费用补贴，加上标准的推广执行动作，多多少少都能换来私域用户。但相比于"活跃、留存"，后者是内功，是需要长期积累和修炼的。

另一个误区是，从 1.0 阶段到 2.0 阶段过渡的"一刀切"。殊不知，两个阶段需要的运营方法、运营能力和团队架构有很大不同，尤其是用户促活与留存的能力是处于 1.0 阶段的企业所不具备的。**因此，企业在过渡阶段，建立新的方法与架构，最好先做"内测"，检验其有效性，打造样板工程，然后再规模化复制。**而现实是，大家一听"建立私域流量是企业的未来"，就号召所有门店、所有导购一起上。结果后续配套能力跟不上，运营方法没效果，前面的工作白做，钱也白花。有一句话说"先烧脑再烧钱"，讲的是在没有很强的运营能力之前，不要贸然去烧钱引流，否则会陷入花了钱却没活跃、没留存的尴尬境地。

综上，关注用户活跃与留存是 2.0 阶段的重点，并且过渡阶段要先内测再全面复制。

那么，企业该如何设置绩效指标呢？这里，"北极星指标（North Star Metric）"可作为参考。之所以叫"北极星指标"，是因为这个指标一旦确立，就像北极星一样，高高闪耀在天空中，指引着全公司所有人向同一个方向迈进。这个指标设定涵盖三个要素：发展目标、阶段重点、对应指标。关于发展目标，公司要从1.0阶段，基于产品品类开展全渠道卖货，转向2.0阶段，基于生命周期开展用户运营，因此，2.0阶段可以作为企业下阶段的发展目标。那么2.0阶段目标又可以进一步分解为哪几个阶段重点呢？企业可以按照探索期（关注用户留存与满意度、检验创新试错的效果）、成长期（关注用户规模的增长与活跃）、成熟期（关注营收利润与付费用户）、衰退期（关注营收利润与新产品指标）四个阶段进行指标设置。再结合"先内测，再复制"的原则，相关设置如表2-8所示。

表2-8 绩效指标参考

发展目标：从1.0阶段过渡到2.0阶段，基于生命周期，开展用户运营

考核对象	工作重点	指标	重要性权重
探索期			
试点单位	测试获客方法与能力	私域用户拉新量、NPS（裂变推荐值）	低
	测试促活方法与能力	私域用户的活跃度、周期留存率、满意度	高
	测试变现方法与能力	销售业绩、直播/社群的转化率、导购开单率、退货率、O2O配合（平台订单门店发货效率）	中
成长期			
所有单位	获得规模私域流量	私域用户拉新量、NPS（裂变推荐值）	高
	获得规模活跃用户数	活跃度、周期留存率、服务满意度	高
	变现交易	销售业绩、直播/社群的转化率、导购开单率、退货率、O2O配合	低
成熟期			
所有单位	稳固活跃用户数	总活跃用户数	中
	变现交易	总购买用户数、销售收入、销售利润直播/社群的转化率、导购开单率、退货率、O2O配合	高

续表

发展目标：从 1.0 阶段过渡到 2.0 阶段，基于生命周期，开展用户运营		
考核对象	工作重点	指标	重要性权重
衰退期		
所有单位	变现交易	销售收入、销售利润	中
	新产品增长机会	新产品转化率、交易额	高

（四）机制设定＋垂直管理＋成功样板＋一把手亲推是方案传导的关键

当前很多企业都遭遇数字化方案难以向渠道终端传导的挑战，终端无法有效配合完成方案落地工作。如何解决呢？以新零售（1.0 阶段　全渠道带货）为例，我们需要抓住四个方面工作。

（1）机制设定。除了传统的指标、奖励与考核机制外，也会新增新零售相关指标，如拉新数量、线上小程序的带货业绩、直播带货业绩、社交平台的带货业绩、天猫及京东 O2O 的订单配送等。

（2）垂直管理。要求渠道商（包括经销商、代理商、直接终端）设置新零售部门或团队，专人专岗来承接集团总部的新零售业务。总部的新零售部门对渠道商的新零售部门进行"垂直管理"，而无须经过其他中间层级。

（3）成功样板。渠道商比较关注的是利益与实现利益所需的能力与内容，因此，集团总部不是光下指标任务，而是要实实在在帮助渠道商做增量，为其销售赋能。这其中的关键是"打造成功样板"，只有帮助样板赚到钱，其他渠道商才会主动拥抱集团总部的数字化工作。

（4）"一把手"亲推。从总部向渠道商的传导工作，不只是新零售部门的事情，需要"一把手"亲自推广，"一把手"亲自出马，才能引起渠道商的重视。尤其要从典型的、重要的渠道商开始。

针对以上几点，知名童装品牌巴拉巴拉（Balabala）的新零售总监提出："Balabala 大部分是合作的渠道商，自营占小部分。我们要求渠道商开设'新零售部门'。我们不怕没有专业的人，而怕没有专岗的人。我们会对他们进行'垂直管理'。以前他们都是经过经理、总经理、大区经理，层层汇报，而'垂直管理'则要求渠道商的新零售部门直接向总部新零售部门汇报。另外，我们在推动新零售之初，公司先打样板，联合几家大渠道商，全力帮它们做业绩。待样板成功后，我们就发挥总部从上到下所有人的力量，去给其他渠道商做宣贯，而不是仅仅靠总部新零售部门自己讲。我们公司的总裁、总经理及中高管理层都被调动去宣讲新零售，介绍成功样板案例，用案例，用我们的赋能工具与服务吸引它们加入新零售体系。"

家居品牌"梦洁家纺"的智慧零售副总昌圣恩提出："数字化的推进传导，需要定机制、强赋能、树标杆、全覆盖。'定机制'就是多维度奖惩机制设定，营运中心、区域、门店、导购排名，甚至业绩对赌；'强赋能'就是为渠道商提供爆款商品、推广工具、推广方法、并基于客户位置（LBS）投放广告为门店导流等；'树标杆'就是打造样板工程，全程为样板门店提供协助，要资源给资源、要激励给激励、要方法给方法，直到样板成功；'全覆盖'就是定时、定点，指定门店人员进行培训，将成功标杆复制到其他门店，实现全面数字化。"

（五）正确的实施流程是有效保障

在转型过程中，数字化团队需要全面认识项目的发展阶段，并

第二章 项目启动，统一共识

合理安排工作计划。这里，数字化转型可以分为六个阶段，依次为：项目启动（达成关键共识）；数字化学习；场景共创；数字赋能，IT 实施；创新试点，打造样板；全面推广复制。项目启动时，企业要制订合理的工作计划，具体到每个阶段的关键事情、负责人、完成时间。参与数字化转型的相关部门根据计划要有合理的预期、合理安排工作分工与时间，避免与现有手头工作冲突。转型各阶段的工作重点、参与部门与阶段时长参考，如表 2-9 所示。

表 2-9 项目实施流程与周期

步骤		事项	参与部门	周期时长
1. 项目启动（达成关键共识）		组建项目团队，统一项目共识	"一把手"、市场部、销售部、IT 部、人力部	1~2 天
2. 数字化学习		了解数字化思维、模式与各种增收场景的知识	"一把手"、市场部、销售部、IT 部、人力部	2~3 天
3. 场景共创	确定数字化的目标与路径	明确做数字化的目的、目标、去向何方，以及实施的阶段、各阶段的工作重点	"一把手"、市场部、销售部、IT 部	2~3 天
	开展场景创新	导入场景知识，创新业务场景、确定场景实现的优先级	市场部、销售部	2 周
	梳理场景能力与评估	提炼并细化优先场景所需要的 IT 能力与组织能力	市场部、销售部、IT 部	1 周
4. 数字赋能，IT 实施		确定系统的实施模式，根据业务场景搭建系统能力	IT 部	SaaS 模式：1~2 周 自建模式：2~4 月

续表

步骤	事项	参与部门	周期时长
5.创新试点，打造样板	建设运行的组织、流程、绩效机制，选取试点对象，人员培训及试点的过程跟踪与效果评估，并制定改善方案，全力扶持直至打造成功样板	"一把手"、市场部、销售部、IT部、人力部	2~4周
6.全面推广复制	总结试点成果，形成标准化方案，在全公司推广	"一把手"、市场部、销售部、IT部、人力部	长期

企业可以根据自身的实际情况，在表2-9的基础上进一步细化工作内容、设定参与部门与完成时间，制订出合理的项目计划。

请你思考

1. 公司"一把手"是否直接挂帅数字化项目？
2. 公司在数字化过程中存在哪些部门冲突？
3. 用什么方式能够解决这些冲突呢？

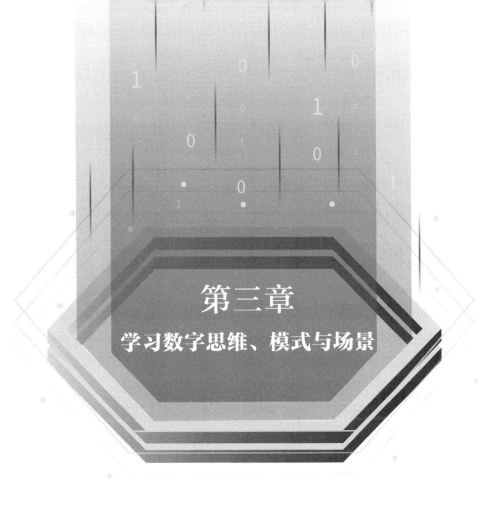

第三章
学习数字思维、模式与场景

企业数字化转型要通过"学习"提升认知高度。然而现实中的学习往往缺乏有效性。一方面，宏观性与热点性的学习无法告诉你"转型之道"。另一方面，高速变化的市场下，只有实战性高管，没有实战性老师，而实战性高管擅长分享，不会指导。此时，企业需要从新思维、新模式、新场景建立学习框架，并且需要认识到：学习与行动中间始终存在难以逾越的鸿沟，跨越鸿沟只有依靠企业自身完成，培训导师只是陪伴与引导。

第一节　故事-3　失败的培训学习

一、失败的汇报，让团队重启学习

经过上次的教训，张董觉得当前大家对数字化转型的认知存在不足。于是，他找到人力资源部，要求给委员会的班子安排培训。

"李总，公司做数字化转型，你也是委员会的一员，全程也看到了问题所在吧？"张董问道。

"是的，看到了，大家对数字化的理解不够，我想，我来给大家安排一场培训吧，我的圈子里有一些讲数字化、互联网营销的老师，我想他们接触得多，也许能帮到我们。"人力资源部的李总说道。接着，人力资源部将培训需求与培训老师做了一番沟通。

首先，谈的是数字化转型方面的老师。"老师，你好，我们公司需要做数字化转型。这次疫情对我们的业务产生了很大压力，我们想了解什么是数字化转型，如何做数字化转型？"李总说道。"好啊，这个话题当前是热点，我一个月讲十多场，很受欢迎。"

其次，谈的是营销方面的老师。"老师，你好，我们公司需要做数字化转型。这次疫情对我们的业务产生了很大压力，我们希望借助现在最新的营销手段，帮助企业增收。"李总说道。"没有问题，我专注这方面培训8年了，疫情期间很多企业经营下滑，但也有很多业绩上升的。比如直播模式，这是当前特别热门的话题，建议你们学习一下。""老师，你那有没有我们这个行业数字化转型的案例呢？能不能针对我们行业讲一讲。""可以啊，这方面案例很多。"

接着，人力部门和委员会成员沟通了数字化转型的培训需求和讲课内容，确定了具体的培训时间。

二、两天的培训，让团队产生期待

第一天，大家学习数字化转型。老师从国家宏观层面讲解了转型的背景和相关政策，又从商业、产业、制造业多个方面讲解转型现状，并对转型中的注意事项给出了具体建议。

第二天，大家学习数字营销，老师讲解了当前最热门的增收玩法，讲解了私域流量、社群营销、直播带货等重点话题。

两天课程，大家表现特别积极，似乎对数字化转型有了新的认识，收获满满。张董也全程参加了学习，对课程内容给予了肯定。

第二天课程结束的时候，张董让大家留下，一方面总结这两天的学习知识；另一方面想听听大家对下一步转型的建议。

三、委员会再次陷入迷茫

"方总，这两天你学到了什么？你觉得下一步转型应该从哪儿入手？"张董询问销售部方总的意见。

"这两天，我们学习了转型的成功案例，案例中的公司借助数字化的手段达到很好的效果。其中，社区拼团、短视频、直播带货给我的印象很深，尤其是疫情期间，很多商家开始做直播带货，效果都挺好的，而且老师说这个是风口，我觉得我们是不是可以联合经销商，做几场直播试试，来解决货卖不动的问题呢？"方总答道。

张董接着问总经理李总："那么，李总，这两天你学到了什么？"

企业数字化转型指南：场景分析 +IT 实施 + 组织变革

李总答道："我觉得第一天，老师说数字化转型是公司战略，需要从上往下思考，而且'一把手'亲自牵头，至少目前我们做得没错。而刚才方总说做直播带货，我想也许能解决短期销量问题，但从长期看，仍不能给公司带来质的转变。我想，数字化转型至少要从公司业务层面重新梳理一下，看看当下哪些业务是公司的增长点，确定公司接下来一两年的业务重点，分解到对应的业务部门和IT部门，该调整的就调整，该优化的就优化。"

市场部王总紧接着说："嗯，我比较赞同李总的观点，前面我们已经犯过错，要么将数字化理解为引入一套IT系统，要么理解为使用线上渠道进行卖货，这都是片面的。经历过前面的教训，我觉得要从业务层面进行公司转型分析，所以，我们是否可以根据李总的建议，先确定下这一两年的业务重点与打法呢？"

其他部门领导也跟着附议，表示赞同……

张董看到大家有了基本共识，感到些许欣慰，说道："好了，大家有了基本共识，那么，为了完成收入目标，我们接下来需要开展哪些业务呢？"

市场部王总接着说："这两天，老师介绍了很多业务增收的话题，坐店等客只会越做越死，需要拓展天猫、淘宝电商平台，以及拼团、社区拼购、直播这些社交平台，我想我们是否能将这些作为业务重点呢？"

"这不又将转型做成了'线上渠道卖货'吗？"总经理李总打断道。

一时间，大家又众说纷纭，意见难以统一。

两天时间，大家学到了数字化转型的宏观知识，也学习到了线上带货的方法技巧，可是就像李总所说的，这也只能解决短期的营收问题，难以持久。大家再次陷入迷茫。

可是，转型要继续推动，规划报告还是要继续写。市场部王总陷入沉思："结合这些知识，我们公司的转型该怎么做呢？第一步该如何迈出呢？"似乎，培训并没有给出一个答案。

请你思考

1. 项目团队的学习发生了什么问题？
2. 正确的学习是怎样的？

第二节　解读：学习的误区

一、引入错误培训

学习是建立认知、提升能力、改变行为的有效途径。当立派公司遭遇转型难题，而又无从入手的时候，第一时间想到学习。但学习也要"对症下药"，如果不知道症状，充其量也只是"病急乱投医"。

一方面，立派公司经过两天的学习，仍然没有找到转型之道，原因在于培训需求并非建立在清晰的业务规划与能力提升需求之上。公司不明确转型的目标与路径，也就无法提出业务需求和能力需求，导致培训方案没有针对性。

另一方面，从学习的"道""法""术""器"四个层面看，他们第一天的学习只是从宏观层面建立了数字化转型的初步认知，也就是"道"，而第二天学习直接落地到直播、短视频带货的"术""器"层面。他们缺少转型的"法"。**围绕公司目标，确定"关键业务场景"就是这里所指的"法"。**"法"能够帮企业建立完成目标的业务框架与逻辑。因此，尽管学习了直播、社群、短视频这样的热门带货技巧，他们仍无法确定是否匹配公司的战略需要。

二、学习与行动之间的鸿沟

立派公司的员工经过两天的学习后仍然迷茫，还有一个原因是知识无法转化为行动。因为他们仅学到了为什么做数字化转型、什么是数字化转型，以及各类带货技巧，而并没有了解"怎么做数字化转型"。这也是当前培训学习的不足之处。一些培训老师是什么火就讲什么，更多地关注自己一年的课量多少，也就没有时间参与项目实战。他们更多地关注授课现场、授课技巧，能让现场保持高温度、让学员很激动，而过少关注知识的落地转化。

市场科学追求理论与实践之间的艺术平衡。理论派的老师缺少实践，所教内容难以转化到企业行动上。于是，企业会倾向选择实战类老师。然而，实战类老师也难以达到企业的期望，因为互联网时代，营销打法5年一大变，即使老师在5年前有很强的实战经验，也未必能习惯当下的最新打法。于是，偏向实战的老师会感到极度疲惫。刚研发出的课程，适用周期太短，连他自己都在疲于知识的更新，哪有时间去实战呢？

那么，有没有具备实战经验的老师呢？只能说，在数字化转型领域，有实战经验的高管，但没有实战经验的老师。

你可能会说：那我们就请有实战经验的高管来授课。然而，这也是一厢情愿，因为他们能分享，却不能授课。也就是能够分享他们自己是如何做的，但是你该怎么做，他们也很难给出一套方案。原因是：他们缺少从自己的经验中总结出方法论的能力，同时他们也很忙，很难抽出时间帮你思考。即使有时间，但隔行如隔山，对行业的理解深度始终不如企业自身,于是也就难以为你的企业转型提出具体化建议。这也是建议企业开展"场景共创"的原因,纯培训学习无法产生转型方案,而共创是解决办法。

三、企业学习热点,已是后知后觉

企业一味地学习热点,将会陷入无止境的对知识的追逐中。当前社会信息泛滥、知识过剩,知识的更新速度也越来越快。2010年,企业学习淘宝、天猫的运营技巧;好不容易掌握,遇到红利减少,微商兴起,于是又学习如何利用微信带货,学习借助拼团、人跟人推荐带货;可刚刚掌握,又出现了直播……

近十年,市场玩法更新速度太快,企业始终处于追赶状态。但仔细反思,企业到底在追什么呢?其实,企业一直在追赶现象。现象犹如天上的云彩,千变万化、永无止境。当企业认为它真实存在,马上就要触碰到时,才明白这只是一团气体,消失于无形。追逐现象的企业,永远是"后知后觉",也许能赚得一桶金,却相当短暂。而那些能持续赚钱的企业,它们关注的是"不变"的层面,即现象背后的本质和规律,这是难以变化的。

就像故事中的立派公司学习班子,他们学习直播、短视频的运营方法和技能没错,只是他们不知道这个学习能否帮助他们转型,充其量也只是"头痛医头,脚痛医脚",始终找不到病根。况且,2020年后,直播已经进入下半场,行业逐步规范,能够挣钱的企业越来越少。立派公司在现象层面的学习,只会陷入无止境的"追赶轮回"。

因此,企业与其不停地追逐商业现象,不如紧抓变化的原理,追溯其起点。找到本质与原理才能以不变应万变,不至于迷失方向。基于此,针对企业的学习,笔者建议解决两点。

第一，思想共识方面。学习完后，大家能达成转型的共识。这里重点学习四个方面的问题，即：目标与路径问题、场景规划问题、系统建设问题、变革保障问题。

第二，业务增收方面。学习完后，大家能设计企业的增收场景。这里可以从"思维—模式—场景"三个方面进行，帮助团队建立系统的知识体系。掌握增收场景的知识，是为后续的场景规划打下基础。

在思维层面，企业建立"增收思维"的认知，要以企业的战略为指引、优势为依托，找到适合的"增收方式"。因此，企业需要了解不同的"增收思维"，背后的动因是什么，该思维由哪些关键优势、资源和条件决定。大企业与小企业的增收思维不同，拥有消费侧优势的企业与拥有供应侧优势的企业增收思维又不同，有数字化基因的企业与传统的企业也不同。

在模式层面，需要了解当前主流的数字增收模式，在消费者拥有主权的数字时代，企业优势从内部转向外部，从增量转向存量，企业除了常规的B2C（自己卖）、B2B2C（让别人帮你卖）的带货方式外，需要寻找更适合时代特征的带货方式。目前，B2K2C模式值得企业关注。K叫作KOC（即导购、推手）。该模式将企业的能力、资源前置化，充分调动了前端导购的销售意愿与能力，并配合私域流量与微信小程序进行带货。

在场景层面，重点学习"用户侧：用户体验旅程"与"企业侧：用户周期运营"，企业开启场景规划将以它们为主线。关于以上三个方面，我们开始一一讲解。

第三节 应对一:了解 3 种增收思维

从 2015 年开始,传统企业纷纷试水数字化,并且涌现出不同的商业创新思维。重点来看,主要分为数字增收、体验增收与社交增收 3 种类型。

这 3 种类型来自于不同的实施主体。如软件公司、品牌商、渠道商的成长环境与条件不同,成长过程积累的经验也为它们戴上了"有色眼镜",去看待当前的数字化过程,且难以自我察觉。

不同主体带来了不同视角,手段方法虽不同,但核心目的都只有一个,即"增收"。三者对比如表 3-1 所示。

表 3-1 数字化视角对比

增收思维	认知视角	发起主体
数字增收	工具为王	IT 能力强,如软件厂商、云计算公司
体验增收	产品为王	供应链能力强,如大中品牌商、渠道终端,有自己的供应链体系与技术优势
社交增收	渠道为王	渠道销售能力强,如品牌商、渠道商、零售终端

一、数字增收

数字增收的本质是"工具思维"。2016 年,马云在云栖大会上提出的"新零售"概念,其核心是通过搭建 IT 基础设施衍生的增收方法论。他的观点假设是,"企业如果想增收,需要借助云计算、大数据这类 IT 基础设施",能够部署这类 IT 基础设施的企业需要具备足够的资金与能力。所以以阿里云、京东云为代表的云计算公司主要的营收来自于央企、国企以及其他大中型企业。

这一阵营的企业包括阿里、苏宁、京东、腾讯、华为等企业。

表 3-2 是它们的观点证据。

表 3-2 数字增收观点

企 业	观 点
阿里巴巴	新零售是基于互联网思维和科技,通过整合线上、线下物流全面改革升级现有社会零售,使商品生产、流通和服务过程更高效
苏宁	新零售下,物联网和互联网结合,感知消费者、预测趋势、引导生产制造,提供多样化、个性化服务
京东	第四次零售革命下,基础设施变得可塑化、智能化、协同化,实现成本、效率和体验的升级

数字增收思维依托于 IT 基础设施的搭建,包括 AI、大数据、云计算、物联网等。基础设施的搭建将为企业获得"感知能力、互联能力与智能能力"。其中,拥有了"感知能力",便可以获得消费者、供应链、生产制造各个环节的基础数据,例如消费者在购物时,智能设备能匹配消费数据、购物偏好、个人特征等基础信息,为营销和服务策略的制订提供数据支持;拥有了"互联能力",企业便可以在线上平台之间、线上与线下之间实现业务能力互补、数据共享和互通;拥有了"智能能力",企业可以对数据进行加工处理,通过模型算法为生产、流通、营销提供智慧决策。

另外,IT 基础设施的建设促进了"人、货、场"的要素重构。将"人"数字化,可以收集消费者画像信息,建立消费者数字标签体系,便于日后的精准营销和差异化服务;将"货"数字化,可以跟踪商品的动销情况,根据商品销售情况优化选品、调整货架摆放、跟踪商品库存、库存周转等情况;将"场"数字化,可以跟踪消费者在各个场景的互动体验,优化体验,选择更高 ROI(投资回报率)的场景进行营销投放,等等。

拥有了数字设施的企业将变得更快、更灵活。它们能够满足消费者个性需求、多元且碎片的交互与交易场景,以及提供客户全价值链的参与机会。

拥有了数字设施的企业,其运营成本也可以得到降低,比如:一家库存周转快、商品动销快的门店,其背后一定是有一套强大的数字化供应链体系,帮助选款、定价、进货、补货、制定合理销售动线等,以往依靠人的经验完成的工作,现在由系统完成,效率得到提升,也节省了大量人工。

现实中,企业实施"数字增收"却遇到很多误区与阻碍。一些企业为了数字化而做数字化,或是为了完成领导交代的任务,忘了数字化的根本目的。有些企业在实施数字化过程中,业务场景还未分析清楚,便贸然开发,结果做成了一堆数字工具,只有少量功能经常使用,大量功能闲置。还有一些企业缺少数字化的实施条件,就像一家广州企业说的:"我连数据都没有,现在为什么要上'大数据'系统呢?"

二、体验增收

体验增收的本质是"产品思维",这里的产品泛指功能、服务及体验。这类企业认为,"别跟我扯数字化!只要产品好、服务好、体验好,自然会有客户!"

消费者购物的核心是商品和体验。以吃饭为例,如果时间允许,你到一个城市旅游,你是愿意去充满科技感的大商场就餐,还是愿意花上半天时间在街道或巷弄里寻觅传统小吃小食呢?相比于大商场,巷弄里留存下来的美食显得更加弥足珍贵。"吃货"们觅食的不仅是那美美的一口味道,更是美食承载的城市记忆,这才是消费者追求的本质。消费者并不会因为一家店里有多少黑科技带来一时的新奇而买单,而是店里商品的品质、文化和体验。

用户体验是数字化的核心,也是小米、名创优品这类优秀企业一直在强调的。它们的观点如表 3-3 所示。

表 3-3 产品 / 体验增收观点

企 业	观 点
小米	新零售的本质是改善效率,通过产品升级释放消费者购买需求
名创优品	新零售并非简单的"线上 + 线下",而是以产品为中心,利用互联网和人工智能等新技术,为客户提供高用户体验和高性价比的购物体验,并纵向整合从研发、设计、生产、物流到终端的价值链,创造更大价值,提升运营效率

产品品质、服务与体验是消费者购买的关键理由,它就像数字"1",而依托数字的企业营销与运营只是后面的"0"。国内著名的数字化解决方案提供商易观国际提出:"最强的数字化如果只是应用到一个'卖场'而已,则其面向未来的竞争力堪忧,线下场景的构建、用户体验的设计、线上线下粉丝社群的参与,都极其重要。"数字的核心是创造体验和用户价值,数字化只是完成价值的手段工具。360 公司的创始人周鸿祎先生说:"今天的消费者,话语权越来越大,产品做得好不好,体验做得好不好,是成功的关键。"腾讯公司将用户体验理解为企业发展的基石,认为:"先用极致体验构建产品,积累用户,有了用户,商业模式也就出来啦。"所以,企业的数字化转型工作都要以用户为中心,满足用户的产品、服务与体验需求才是根本。

但搭建"体验增收"的场景,同样遭遇困难与阻碍。它需要重新思考客户价值,从商品"功能型价值"向"体验型价值"转变。

但很多企业认为这有点儿"虚",不值得投入,不如找个好的卖货渠道,一买一卖,赚取差价来得快。说到底,当前的中国市场还有大量的卖货空间,比如三、四线下沉市场的"区域红利空间",城市新中产、新生代、小镇青年与银发一族的"人群红利空间",社交渠道卖货的"渠道红利空间"。企业缺少升级价值的压力和动力,以"货"为中心的运营仍是当下重点。另外,体验价值的升级,涉及公司的门店场景改造、服务流程改造、供应链改造,投入的资金也不少,也是企业实施"体验增收"的一大阻碍。

三、社交增收

笔者在《新零售落地画布》一书中,强调了"数字增收"和"体验增收"思维,为零售企业升级提供两个着力点。但是,"数字增收"需要持续投入基础设施建设、团队协同高,数字化运营的难度大。"体验增收"则需要重新思考客户价值、升级产品和体验,同样也是周期长、投入不小。以上两种,对于缺资金、缺技术、缺人才的小微企业来说,门槛显然有些高。那么,小微企业是不是就没有机会呢?

我们看到很多小微企业借助社交零售模式,打破了大品牌、大企业的垄断,找到了新的增收方式,主要集中于微商、拼团、直播、短视频这类社交场景。关于社交增收的机会,波士顿咨询公司在《社交零售网络定义新消费模式》中提到:消费者触点多样化、社交化,人均5~6个触点,一半以上是社交触点;82%的消费者在购物前借助社交网络了解商品口碑,帮助购买决策;77%的消费者在购物前和购物后会利用社交平台主动分享与传播商品。报告还介绍,85%的受访企业认为,社交平台是影响消费者购买品牌商品的最重要要素；社交平台是 81% 的受访企业最大的线上营销投入板块。

以微商为代表的社交零售，经历了从不规范到规范、非主流到主流的过程。从 2018 年开始，越来越多的大中型企业也开始规模化投入。至此，"社交增收"成为传统企业的主流带货思维。

第四节　应对二：学习 3 种带货模式

一、3 类带货模式

增收模式主要包括 B2C、B2B2C、B2K2C 三大类。

（一）B2C

B2C 是"自己卖"。经营主体是企业自己，适合供应链能力、销售运营能力强的企业。它覆盖的场景包括企业的 APP、公众号商城、小程序商城、抖音店铺、天猫店铺、京东店铺等。

（二）B2B2C

B2B2C 是"别人帮你卖"，企业负责供货，合作渠道帮你销售。适合供应链强但销售运营能力不够强的企业，或者销售运营能力强但想另外开辟新增收途径的企业，如美团、饿了么、京东到家等针对本地生活服务类的合作渠道，环球捕手、松鼠拼拼等社交分销平台，唯品会、京东自营、天猫超市等电商分销平台。

（三）B2K2C

B2K2C 是借助"推手"，帮你卖。K 代表 KOC，即导购、推手。

第三章 学习数字思维、模式与场景

主要基于微信生态圈打造，应用于"门店+导购+私域流量+小程序带货"玩法。该模式于 2019 年起步，在 2020 年新冠疫情期间效果显著，得到越来越多的商家重视。在腾讯智慧零售的《超级连接》一书中，它将该模式定位于企业自己的".com 2.0"，也就是企业搭建自己的小程序商城，依托自己的私域流量进行带货。

目前，KOC 主要分为两类：

（1）内部 KOC：将公司导购、服务人员、销售人员发展成 KOC，利用他们获取客户、运营客户、转化客户。获客范围不仅是进店客户，还包括近店客户、社区客户、线上客户。

（2）外部 KOC：我们熟悉的宝妈、广场舞大妈、业主群群主、便利店老板、快递小哥都是潜在 KOC，他们能够近距离接触目标客户，有信任基础和广泛影响力，他们成为商家争取合作的带货对象。

用一个案例进行说明，华润苏果超市借助三类场景，搭建"数字渠道矩阵"，如图 3-1 所示。

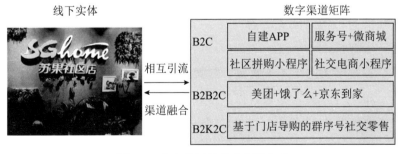

图 3-1 华润苏果的数字渠道矩阵

1. B2C+B2B2C+B2K2C，形成数字渠道矩阵

华润苏果从 2016 年开始启动新零售的业态经营，一方面，

搭建自营渠道，包括苏果优选微商城、苏果到家 APP、小程序商城；另一方面，积极拓展第三方 O2O 渠道，联合京东到家、美团、饿了么进行平台分销。2019 年，它与美团共同完成了 200 家"线上超市"的打造工作，订单量持续增长。苏果借助自营销售与第三方合作形成"数字渠道矩阵"。线上平台之间相互导流，线上线下相互引流，深度推进"线上与线下的融合"。借助"数字渠道矩阵"，2019 年元旦期间，销售额同比增长 28%，销售额达到平时的 7 倍。

不止于此，公司于 2019 年又开始启动微信社群销售的业务，借助门店的人流优势，一线导购人员将客户引入微信社群。通过门店社群以及小区社群，每天分享最新的商品促销信息和购物链接给消费者，让消费者可以第一时间了解到优惠活动，并配合商城小程序，完成下单支付。数据显示，苏果的"微信号 + 社群 + 小程序"运营模式开通仅两个月，单周销售额就超过了运营成熟的饿了么渠道。在 2020 年新冠疫情期间，该模式的优越性得到更加充分的显现。消费者为了减少外出频率，主要使用苏果的线上社群与小程序购买应急商品、生活必需品，社群销售业务得到进一步增长。

2. 数字渠道矩阵 + 直播，效果显著

2020 年 7 月，苏果紧抓直播风口，以周年庆为契机，借助"数字渠道矩阵"开启了一场"12 小时直播不打烊"活动。这场直播盛宴邀请了知名电视台主持人、网红主播携手苏果 8 大品类"好物推荐官"在线向消费者推荐生鲜、日化等众多优选商品，共实现 5 万人次观看。其中，乳饮品类销售额达 106 万元，洗化品类销售额更是高达 114 万元，创造了苏果直播带货的新纪录。

综上,苏果带货应用了三类场景,为企业的渠道布局提供了参考。

二、4∶3∶3 的模式配比

那么,带货模式该如何配比呢?根据对优秀的商业实践调研以及微盟集团的观点建议,大家得出 4∶3∶3 的平衡配比比例。这个比例可以有以下两种理解。

一种是站在线上渠道思考,企业在 B2C、B2B2C 与 B2K2C 的收入配比达 4∶3∶3 是最佳平衡,就是 40% 的收入是依靠电商自营 B2C 模式,30% 的收入依靠电商分销 B2B2C 模式,剩下 30% 依靠 B2K2C 模式完成,即"门店 + 导购 + 私域流量 + 小程序"的带货模式,如图 3-2 所示。

B2C (电商自营)	B2B2C (电商分销)	B2K2C (小程序)
4	3	3

图 3-2 线上带货收入配比

另一种是线上与线下一起考虑:线上销售占比 40%,这里包括了 B2C 与 B2B2C;30% 依靠线下门店自有客流,客户自主进店购买;剩下 30% 依靠 B2K2C 完成,如图 3-3 所示。

图 3-3 全渠道带货配比

在以上两种理解中，B2K2C 模式因为起步较晚，目前收入占比较低或者没有，但企业仍然要看好它未来的发展，提前做好准备，力求实现 4∶3∶3 的配比平衡。

三、B2K2C 模式特点

那么，为什么 B2K2C 模式前景向好呢？因为这个模式符合"中台化、创客化"的架构特征，能够更好地适应这个快速变化的时代特征。

一方面是数字时代的企业外部市场呈现 VUCA 特征；另一方面，美国创新领导力中心（CCL）提出企业内部管理面临 RUPT 特征，即：急速的、莫测的、矛盾的、纠缠的。这都反映出当前时代的变化如海浪，一浪紧接着一浪，一波未平，一波又至，从不同的源头，汹涌而来。外部与内部的快速变化，对企业的敏捷性、灵活性提出了更高要求。那么，企业该如何面对这种变化呢？"中台化、创客化"就是有效的应对方式。

首先，关于中台化架构的论述，罗兰贝格管理咨询公司全球首席运营官常博逸（Charles-Edouard Bouée）在其著作《轻足迹管理：变革时代中的领导力》中提道："过去 20 年间，世界变得更加复杂动荡与不可预测，呈现 VUCA 特征，公司需要中台化，前台需要模块化，应对 VUCA 时代，就像军队中的小型精英突击队与五角大楼的关系。公司每一单独板块都跨领域且高度自治，但又由中央部门统一协调。"2015 年 12 月，时任阿里巴巴集团 CEO 的张勇通过内部邮件宣布启动阿里巴巴 2018 年中台战略，构建符合 DT 时代的更具创新性和灵活性的"大中台，小前台"的组织机制和业务机制，实现管理模式创新。搭建中台组织，从而让前台一线应用得到精简，保持足够的敏捷度，更好地满足业务发展和创新需求。京东在 2018 年 12 月宣布采用前台、中台和后台的组织架构。前台职能是理解和洞察客户需求和行为，通过产品创新和精细化运营服务客户，最终实现和提升客户价值。中台通过沉淀、迭代和组件化地输出服务于前台不同场景的通用能力，作为为前台业务运营和创新提供专业能力的共享平台。后台职能则提供基础设施建设、服务支持与风险管控，为中、前台提供保障。

现将工业时代与互联网时代的组织特征做一个对比，如图 3-4 所示。

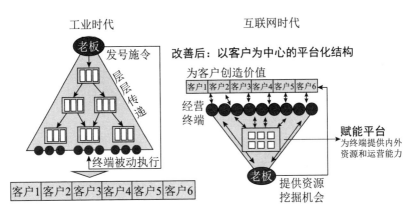

图 3-4 工业时代与数字时代的组织对比

根据上图，两种组织形态在流程中心、决策机制、信息传达、客户距离、员工心态这5个方面有显著不同，如表3-4所示。

表3-4 组织特征对比

	工业时代：金字塔结构	互联网时代：平台化结构
流程中心	老板为中心	客户为中心
决策机制	老板决策	让业务终端来决策
信息传达	层层传达与汇报，效率低、反应慢	信息流程短、反应快
客户距离	远离客户	贴近客户
员工心态	打工心态	创业心态，发挥主观能动性

另外，关于"创客化"的论述，波士顿咨询在2016年对"千禧一代"员工进行调研发现，员工希望借助企业实现自我价值，而不仅仅是一份工作。这一代员工已经被新兴技术赋能，能比过去的员工掌握更多工具、处理更多信息，这就使得企业必须把决策权进一步向市场前端去转移。工业时代的创业门槛高，需要依赖物质资产，高投入。互联网时代创业门槛低，依赖数据、网络平台与项目创意，投入成本低，这就让越来越多的年轻人可以通过互联网平台、工具，启动一项新业务、新项目、新公司，按自我实现的意愿开启创业。因此，在互联网时代，企业不是要去管控员工，而是赋能员工，为员工搭建创业创新的平台。员工在自我实现的同时，也能帮助企业获得业务增收与客户满意。

那么，以上的"中台化、创客化"组织结构，如何应用于商业企业呢？目前，在人力密集型的企业里，如门店、商场、餐馆里的业务人员、服务人员仅仅是按照岗位说明书的要求，被动地完成公司交代的任务，工作重复性强、劳动强度大、工资低。这些都难以

第三章 学习数字思维、模式与场景

为他们带来工作的成就感，久而久之，他们对工作产生了应付心态。而他们离客户最近，他们的心态、情绪势必会影响客户的满意度与公司的形象。因此，激活一线人员的工作动力，释放他们的工作热情成为关键。

另外，公司未来的发展依靠创新驱动，每个人都是智力的宝藏，"中台化、创客化"架构将管理市场权力移交到前台人员，且高度自治，这样能够极大调动大家的创新意愿。如本书开篇所讲"创新是从地上长出来的"，企业要做的不是闭门创新，而是建立创新的机制，让前台的创客团队解放思维，大胆创新，勇敢试错，进而在高效且规模化的试错中，找到突破口。

B2K2C 模式正是组织"平台化、创客化"的有效应用。在该模式下，企业从后台到前端将产生 4 个方面的变化，如图 3-5 所示。

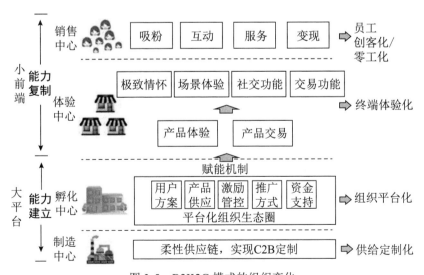

图 3-5　B2K2C 模式的组织变化

（一）员工创客化/零工化

随着用户流量的碎片化、在线化，坐店等客的经营模式难以维系。充分调动一线导购人员的主观能动性成为必然。导购人员不能像以前一样"等客到店，到店即推销，出店即流失"的工作方式，而是要做到"路过的绝不放过，入店即加粉，加粉即互动，互动即变现"。具体包括以下几项转变：

（1）从单一的导购推荐职能，转向"获客、互动、变现转化"的全面用户运营能力。

（2）从坐店等客，转向门店周边、社区、社群、线上的全方位获客，也就是从"坐商"到"行商"的转变。

（3）从出店即流失，转向出店前引入"私域流量池"，如关注公号、发展会员、加好友、拉进群。

（4）从线下销售能力，到线上线下一体的全域销售能力。

（5）从线下固定时间营业，到线上不受时间限制的全时营业。

（6）从只懂满足线下客户喜好，到懂得满足线上与线下两类人群喜好。简单说，前者人群年龄偏大，后者人群偏年轻，两者的喜好与习惯截然不同，对服务的要求也不同。

在 B2K2C 模式的应用上，这类创客化员工叫作"全能导购"，企业为每个"全能导购"搭建小程序商城，匹配各种商品供应，以及提供围绕用户运营的各类运营素材。

具体做法是："全能导购"对进店、近店的客户加微信好友，并拉入微信群，在群里定期发布商品优惠，并开展直播、拼团活动，客户根据活动信息，在小程序商城完成采购，尤其是"千禧一代"的导购相比老员工掌握了更多营销工具，更有意愿去实现自我价值。他们开始在社群、抖音、小红书等平台上进行直播带货。他们只需要被点燃,爆发出的能量将是巨大的。

至此,"全能导购"一个人完成了"获客、锁客、变现"一系列动作,并且享受到销售佣金。但是,如果仅仅止于此,企业又会遭遇社群不活跃、用户不留存的尴尬。因此,要关注"粉丝为什么要聚在一起?"活动优惠只能产生短期利益,吸引的都是价格敏感型客户,优惠一停,客户便会流失。"赋能生活,给予新的生活意义"才是根本,企业和导购都需要思考:赋予社群什么意义呢?怎样讲好一个社群故事呢?让粉丝因意义和故事而聚,互动的内容也因意义和故事而设计才是留住客户的根本。

针对以上,用一张图描述 B2K2C 的销售模式,如图 3-6 所示。

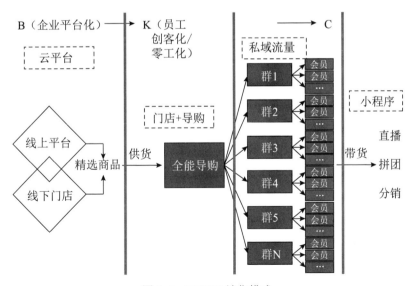

图 3-6　B2K2C 销售模式

关于员工创客化,除了企业雇用的"全能导购"(内部 KOC)外,也呈现零工化（外部 KOC）、社会化的倾向。也就是，带货的人员不一定是企业的员工，社会上大量的零工群体是不可忽视的力量。数字时代让零工模式得以发展。人们可以借助数字工具赚取收入，如知识众包的"猪八戒网"、外卖众包的"美团"、驾驶众包的"滴滴"、卖货交易的"淘宝"。数字工具让创业门槛降低，大量的社会人员加入零工群体。美国学者黛安娜·马尔卡希在《零工经济》一书中描述：人们追求时间短、灵活的工作形式，取代传统的"朝九晚五"工作形式，包括兼职工作、临时工作以及通过自由职业平台找到的短工。因此，企业也可以发挥社会零工（外部 KOC）的力量，为他们提供数字工具，让他们帮助卖货。不管他们是在职的还是临时的，他们都是企业的"KOC"。

（二）终端体验化

消费者价格敏感时代，线上凭借价格优势（线上价格不是企业愿意为之，而是被平台规则所限，企业被逼无奈拿自己的左手打右手），抢占了线下销售份额，一时间成为线上与线下冲突的矛盾焦点。这个冲突问题多年来悬而未决，虽然中间出现了网络专供款、转换型号标签、线上订单由实体门店配送并利益共享（即 O2O）等手段形式，但始终不能解决"价格冲突"的本质。随着消费者对服务与体验需求的增长，"低价格"逐渐失去了消费者购买决策的第一要素位置，也让实体终端看到了机会。此时，线下实体需要迎合需求的变化，充分打造"强服务、强体验、更便捷"的优势，与线上的"低价格、弱体验"形成区别。因此，依附于消费者体验的即时性消费、高接触型消费、服务型消费、意义型消费、方案型消费将会迎来空间。为了避免与线上渠道产生价格冲突，线下终端应尽可能从这些方面去思考。

1. 产品与服务升级的机会

（1）即时性消费：对应急买急用的商品，如油、盐、酱、醋、烟、酒、茶、药等，便利店、药店、烟酒店等业态承载着这类"即时性"商品的销售。这类业态在互联网时代并未像大型百货商场、商超一样受到冲击，相反还有增长。针对这类需求，电商平台虽能提供便利的交易，但受制于物流"最后一公里"的问题，也难以像便利店、药店、烟酒店一样满足"即时性"需求。此时，线上只能与线下合作，也就是线上下单，由门店进行配送，这也进一步说明线下的即时性消费难以被线上取代。

（2）高接触型消费：面对需要客户复杂决策的商品类型。如汽车、珠宝，消费者需要深度的咨询、学习与比较后才能做出购买决策；而对于护肤美容、生鲜食品等非标准化商品，消费者需要亲身体验。

另外，值得关注的是，多个行业实践中证实：针对高接触型的商品，**其线下门店的销售客单价明显高于线上客单价，并且有过线下体验的客户，转为线上购买的客单价也比单纯仅在线上购买的客单价要高**，其原因是消费者因为缺少接触体验，不愿意在网上花更多钱购买，害怕承担错误的风险。可见，**针对高接触型商品，线下体验是提升客单价的关键**。

（3）服务型消费：类似餐饮、住宿、出行这类服务，显而易见它们是线上无法取代的，线上仅能起到导流与交易的功能。

（4）意义型消费：在内容经济下，商品某种层面成为工具、道具，消费者消费的不仅是商品的功能，更是商品背后的意义，或者体验一种新的生活方式。比如：咖啡赋予消费者的不仅是好喝的口感，还有商业社交、咖啡文化、朋友聚会等内容，咖啡成了社交的道具；爆米花在游乐园销售，能让孩子们感受到快乐，爆米花成为快乐的道具；爆米花在电影院销售，能让恋人们感受共食过程的亲密感，爆米花成为情感的道具。因此将商品与消费场景结合，赋予商品背后新的意义，可以为商家带来创新空间。

（5）方案型消费：它是意义型消费的延伸，为消费者提供一个满足消费意义的解决方案。本书第二章提过，数字化的3.0阶段是"生态化阶段"，企业要基于产品意义，生成用户方案，开展生态化运营。在存量经营时代，如何将现有客户更大范围变现成为关键。企业唯有重新定义用户价值，将价值从功能向意义升级，才有可能覆盖更大范围的产品供给，产生更多变现的可能。商品与服务组成了方案，而方案又构成了意义。举个例子：如果企业卖的是有机食品，可以给消费者提供健康生活的意义，"饮食健康，从有机开始"，提供一日三餐的入口方案，解决用户健康问题。

2. 体验升级的机会

2019年，在线下实体店难做的时候，"国民零食"三只松鼠却在线下一年开店328家，几乎每一天开一家，并计划在2025年前，开1000家直营店和10 000家联盟小店。其中，联盟小店的核心功能是卖货，而直营店核心是品牌展示、消费互动、参与体验，又叫作"投食店"。创始人章燎原对"投食店"的解释是："我们对线上线下的理解非常清晰，销售功能由线上解决，到线下来就是体验功能。我们欢迎你到这里来玩、来吃、来喝，甚至来调戏松鼠都可以，但是我们不建议你在这里买产品，买产品上天猫店就行了，没必要跑到店里来买。""投食店"的定位不强调买卖的功能，强调体验和互动，为的是增强与用户的黏性关系、增强品牌认同。因此，体验升级便是要与消费者产生"心连接""情感连接",它是商品意义型消费的一种有型展示,让消费者在参与、互动中,感受企业所传达的意义,如图 3-7 所示。

图 3-7 三只松鼠"投食店"空间

综上,在过去价格敏感时代,线上与线下冲突的问题确实难以解决,而在消费体验需求增长的当下,线下优势凸显,线上与线下的冲突问题得以化解。企业不要再去抱怨线上如何导致线下难做,而是要发挥各自所长,利用线上广泛连接客户、运营客户的优势,利用线下提升客户体验,拉高客单价的优势。线上与线下能力互补、协同发展才是长久之道。

(三)组织平台化

组织平台化需要创建授权与协调机制,赋予"全能导购"足够的自主权与独立性,保持高度自治。组织平台化主要包括五项关键职能。

(1)建立引导机制:组织平台主要负责把握市场发展方向,根据市场形势与企业自身情况制定发展目标与路径,将发展理念、思路贯彻到公司的各个部门,尤其传达至"全能导购",让组织上下保持行动的一致。

(2)建立创业试错机制:企业的持续发展依靠创新驱动,而"创新是地上长出来的",不是企业后台人员"闭门造车"出来的。因此,企业需要搭建创业创新平台,鼓励前端终端与导购,大胆创新与试错。具体可以是在企业内部设立"创业创新大赛"机制,让有创业热情的终端与前台人员在公司的引导下策划创新方案,通过大赛筛选机制,选择最佳试错方案,然后给予试错项目的各种条件支持,试错终端高度自治,在试错中验证方案可行性,找到成功机会并向全公司推广。

(3)建立赋能机制:组织平台需要为"全能导购"提供完整的用户服务方案、提供爆品商品、提供用户运营的内容与素材、提供推广的方法和工具、提供精细化运营的数据工具、在适当时机提供创业的资金支持。

(4)建立赋权机制:让"全能导购"有高度自治权,能够自主根据所处市场的情况制定营销策略,如自主选品、自主定价、自主活动、自主推广以及其他自主创新行为。

(5)建立激励机制:"全能导购"的工作绩效除了要满足公司数字化阶段的重点工作指引,也要交由市场决定,高绩效导购给予高奖励支持,低绩效导购给予培训提升或淘汰。还需要通过绩效指引,鼓励他们打破常规、积极创新,寻找新的市场突破点。

(四)供给定制化

在平台化的组织结构下,"全能导购"负责收集客户需求,将客户需求通过平台反馈到供给端,供给端根据需求开展定制化商品与服务供给。如"社区团购"以销定采,便是典型的供给定制化模式。"社区团购"基于商品链接形成拼团,然后组织商品的采购和配送。一方面,通过拼团的形式聚集社区内的用户需求,通过大量的订单

第三章 学习数字思维、模式与场景

增强对供应链上游的议价能力；另一方面，预售的模式使得采购的计划性更强，几乎可以做到零库存以达到降低损耗的目的，如图3-8所示。

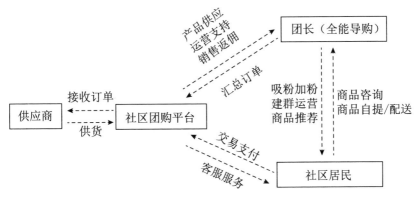

图 3-8　社区拼团以销定采

另外，在社区拼团中，团长扮演着"全能导购"的角色，负责获客、建群、运营以及商品最后的交付工作。平台方为"全能导购"提供产品支持，运营支持（运营工具、运营方法培训、运营素材内容）以及销售返佣金。

四、B2K2C 案例应用

云集 APP 于 2015 年 5 月上线，并于 2019 年 5 月赴美上市。云集利用 B2K2C 模式，一站式服务赋能"宝妈"群体，借助微信熟人社交关系分销裂变，迅速成为百亿级电商"黑马"。短短 3 年时间，云集平台的营收规模由 2016 年的 13 亿元增至 2018 年的 130 亿元；年购买用户数由 250 万名增至 2320 万名，累计拥有付费会员达到 740 万名；2018 年净亏损仅 200 万元，基本实现盈亏平衡。

云集模式是典型的 **B2K2C**，企业方（B）以平台为载体负责从选品、配送到售后的供应链整合，以宝妈为代表的推手团队（K）负责推广商品，平台通过现金奖励和销售提成刺激推手（K）在自己的社交圈中分享传播商品，吸引消费者（C）购买。在这个过程中，企业方为推手提供包含供应链商品、物流、推广内容、推广工具、数据分析、培训服务的全套赋能服务，如图 3-9 所示。

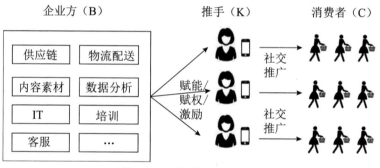

图 3-9　云集的 B2K2C 应用

（1）供应链：云集平台产品由云集统一选采、精选商品、规模化采购，保证商品品质与成本优势。

（2）物流配送：云集在全国七大区域布局仓储，并与顺丰及主流快递公司合作商品配送。店主无须囤货，用户下单后的商品由云集统一发送。

（3）IT：云集 App 为每个推手提供开店功能，从店铺选品、装修、商品上架下架、订单管理到客户管理等系列功能。用户只要注册成为会员，即可实现一人一店。

（4）数据分析：云集为每个推手提供店铺分析、商品分析、客户分析等功能，帮助推手精细化运营。

（5）内容素材：客户销售与服务过程，需要大量内容素材，

第三章 学习数字思维、模式与场景

而推手们不具备素材制作能力。此时,云集平台提供高质量商品文案和图片输出。云集上有个官方的内容生产基地:钱潮学院,提供大量官方教程,比如"如何打造有温度、高质量的朋友圈",并借助大咖背书,比如:央视记者爱云集、云集被 CCTV 报道过之类。推手们可以一键转发至各个主流社交平台上。

(6)客服:云集平台提供集成式中央客服,统一由后台解决用户售前与售后咨询,并使用 AI 智能客服提升服务效率。

(7)培训:定期/不定期组织线上线下培训,由专属培训师提供专业销售技巧以及开店成功经验分享。

以上内容介绍了数字化增收的 3 种思维、3 种带货模式,尤其是 B2K2C 成为重点。接下来,介绍数字化实施重点面向哪些关键场景。一个场景是用户端的体验场景,核心是"用户体验旅程"的创新研究;另一个场景是企业端的运营场景,核心是"用户生命周期运营"的创新研究。

那么,为什么选择用户体验与用户运营作为数字化的实施关键呢?

20 世纪 90 年代初期,迈克尔·特里希和弗莱德·威尔斯玛在《哈佛商业周刊》上发表的《顾客亲密度与其他价值法则》和他们合著的畅销书《市场领袖的信条》中提出"价值法则"模式。他们认为,**企业获得竞争优势需要建立在业务流程、更优的产品和更好的客户关系之上,为用户提供精致度、设计感、自我满足感、娱乐性、情感体验是价值的关键**。在"价值法则"模式的基础上,全球云计算权威学者乔·韦曼在其所著的《新动能 新法则——新一代信息技术驱动企业实现转型与指数型增长》一书中直接指出,数字化时代企业的优势需要建立在"信息优势""方案领袖""亲密联盟"

之上。其中,"信息优势"是利用信息技术来发展和支持战略决策,从而优化并完善运营流程;"方案领袖"是互联的、云计算支持的产品与服务升华,其关注点是怎样通过信息技术获得差异化并最大化的顾客体验;"亲密联盟"要求利用信息技术与每一位顾客建立紧密联系,也就是在用户的整个生命周期中与客户保持互动联系,实现更高的顾客满意度。

综合以上观点,在**数字化时代,企业需要建立以客户价值为中心的数字化运营体系,"用户体验"与"用户运营"是体系落地的关键,而数字化技术为"用户体验"与"用户运营"提供基础支持**。下面将围绕"用户侧:搭建全旅程用户购物体验"与"企业侧:搭建全周期用户运营体系"两个场景进行阐述。

第五节 应对三:体验场景,创新用户体验旅程

一、用户体验来源与发展

"用户体验"这个词最早被广泛认知是在20世纪90年代中期,由用户体验设计师唐纳德·诺曼(Donald Norman)提出和推广。在数字化时代,这个概念也从人机交互技术渗透到人类活动的几乎所有领域。业界认为,好的产品与服务体验能够带来忠诚的客户,因此,企业的市场营销、用户运营、品牌推广等工作都需要融入到"互动体验"的世界里。《体验经济》一书认为,体验经济是继农业经济、商品经济、服务经济之后的第四个发展阶段。其中,服务经济是从商品经济中分离出来的。它注重商品销售的客户关系,向顾客提供额外利益。而体验经济又是从服务经济中分离出来的,追

求顾客感受性满足的程度，重视消费过程中的自我体验。体验经济下，企业以服务为舞台，以商品为道具，以消费者为中心，创造能够使消费者参与，值得消费者回忆的活动。

从消费升级角度看，体验经济是社会富裕、文明和发达的产物。福布斯中国联合纽交所发布的《2017中国大众富裕阶层理财趋势报告》显示：当前的中国尤其在一、二线城市，已出现大量富裕人群，在2017年底将接近2092万人，到2020年，这个数量将突破3000万人。有一定物质基础的人群，在消费商品的同时，更加注重商品背后的价值参与和情感共鸣。因此，体验作为数字化转型的重要课题，值得企业去研究。

二、数字化转型就是创新客户体验的过程

从工业时代到数字时代，无论技术如何变迁，用户对方便、快捷、省心、省力的基本需求没有改变。很多人理解数字化就是做个APP，做个小程序或者做一场直播秀，这都是工具理解，脱离了数字化本质，即客户需求与体验。在贾森·艾博年（Jason Albanese）与布莱恩·曼宁（Bria Manning）合著的《新商业模式——企业数字化转型之路》中写道——"数字化范围很广，但始终离不开一个关键本质：满足人们一直以来的'更快、更好、更便宜'的需求。数字化可以基于一个基本不变的事实：如果你专注的并不是用户真正关心的问题，无论你做什么、用了什么技术，都是无关紧要的。" 数字化是用来为用户赋能、改善用户体验的。所有市场都在通过消费者的需求驱动而不断变化。用户往往喜欢与更便宜、更快、更好，并且体验更优质的企业接触。他们选择手机、平板电脑、微信、小程序等能够带来更好体验的工具，包括传统的衣、食、

住、行、游、购、娱，用户都要简单、便捷、省心、有趣的体验过程。因此，**数字化变革就是重新构思并重新创造用户体验的过程。**

另外，数字时代，用户掌握了主动权，全球著名的市场研究公司弗雷斯特（Forrester Research）称之为"客户时代"，"在这个时代里，客户权利被放大，重视客户要远比提出任何战略规划来得重要。因为用户可以通过公开的数字化渠道反馈企业的品牌、产品与服务，用户的口碑效应比企业的营销广告更有说服力。如果你不理解用户的痛点，不知道如何为他们创造真正想要的、期望的产品和体验，他们便会转向你的竞争对手。"比如以前，一个差评，容易得到企业压制，因为客户没有诉说渠道，也没有社群去谈论对某一个产品的看法。对于企业来说，坏的客户体验不是问题。而当下数字时代，客户的抱怨和问题将快速传播并保存下来。

再者，当下来说，质量、经久耐用不再构成客户购买的唯一要素，速度、便利、效率等"容易性"指标以及产品背后的文化、价值、情感、人格成为客户关注的对象。客户需求的变化为行业竞争制造了新焦点。如果企业不去变化，将会被善于变化的竞争者取代。

三、体验价值的分层模型

（一）客户体验金字塔模型

用户体验金字塔模型（该模型由伊丽莎白·B. N. 桑德斯博士在1992年发表的学术论文中提出，并在《体验为王》一书中被提及，为大众所熟悉），作为体验实施的框架被很多企业学习和引用，如图3-10所示。

第三章 学习数字思维、模式与场景

图 3-10 体验金字塔模型

（1）满足需求是基础。用户使用企业的产品是带着某种目的或完成某种任务，产品最重要的是能满足他们的需求。假如我们去一家餐厅吃饭，又是机器人服务员，又是自助点餐机，又是西瓜水果免费吃，但这里的饭不好吃，菜式没特色，你会满意吗？你还会再来吗？所以数字化只是工具和手段，不是目的。

（2）容易性为企业带来竞争力。如果企业已经满足了消费者最基本的需求，并且同行也都做得很出色，那么此时，如果企业想脱颖而出，就必须要考虑到用户体验金字塔的上一个层级——容易性。就是让客户满足需求、完成特定任务的过程变得更简单、更省时。如商旅人士乘坐高铁，可以在线购票，到达高铁站无须打印票据，凭借身份证刷脸进入，大幅节省了出行时间。此时，出行是需求任务，数字化作为一种手段，出色地满足了"出行更加容易"的客户需求。又比如：谷歌做了一个测试，在搜索结果页上显示 10 条搜索结果与显示 30 条搜索结果，后者的流量与收入减少了近 20%。研究发现，显示 30 条结果的页面载入时间需要 0.9s，而显示 10 条搜索结果的页面载入仅仅需要 0.4s，客户连哪怕 0.5s 的时间都不愿等待。这都证明了帮助客户更容易满足其需求的重要性。

（3）愉悦性可以让客户变成粉丝。愉悦性上升到用户精神层面，让客户获得身份认同与情感共鸣，前面一直强调的"挖掘产品背后的价值，赋能用户生活意义"也是这个道理。比如，美国STANCE袜子创立6年，年入10亿美元，成为袜子界的"一哥"，如图3-11所示。

图3-11　STANCE袜子展示

那么，STANCE是靠什么赢得了年轻人的青睐呢？是"雅痞"文化。"雅痞"代表一群受过高等教育、思想前卫、外形时尚、有特殊技能的人。他们前卫但是不离经叛道，有一点儿"痞"气，但不粗俗无礼，"雅痞"是一种新中产文化。于是，STANCE处处举着绝对雅痞主义的牌子，将"拒绝妥协，创造不凡"视为唯一信条，收获大量粉丝，短短几年就打造了一个袜子的超级帝国。

因此，打造用户愉悦性，就是要重新定义产品意义，将产品植入人文内涵，借助IP人格化手段传递人文价值，鼓励用户参与价值创造过程，最终帮助用户获得身份认同。

（二）任务、痛点和收益模型

瑞士洛桑大学博士亚历山大·奥斯特瓦德（Alexander Osterwalder）在其书《价值主张设计》中从"客户任务""客户痛点"

第三章 学习数字思维、模式与场景

与"客户收益"三个方面洞察用户体验。

1. 客户任务

（1）功能性任务：客户试图执行、完成某个特定任务，或者解决某个特定问题，比如看直播、购物、游玩。

（2）社会性任务：客户想有面子、有威望、被尊重、被认同。

（3）情感性任务：客户想获得情感安慰、安全感、内心平静等。

2. 客户痛点

（1）用户完成任务过程中不愿意看到的结果、问题和特征。

（2）完成任务过程中遇到的阻碍。

（3）因完成任务时的失误造成了损失。

3. 客户收益

（1）必须的收益，即必要的需求，如：去餐馆吃饭，饭菜要合胃口、能吃饱、卫生干净。

（2）期望的收益，即基础的需求。没有此项收益，客户也会不满意。如：餐馆要有特色，菜要好吃、上菜要快。

（3）渴望的收益，即超出客户期望，但人们非常喜欢的收益。如：餐馆服务人员年轻漂亮、态度好、时刻关注你用餐过程并给予及时支持。

（4）意外的收益，即情理之中、意料之外的收益。如：孩子喜欢餐馆等候区的玩具，临走时服务人员赠送一个崭新的玩具。

我们以旅游出行为例，对该模型做个说明，如表 3-5 所示。

表 3-5　旅游行程的任务、痛点与收益举例

需求分析		描述举例
客户任务	功能性任务	定制路线、做攻略、买票、住宿、游玩
	社会性任务	晒晒朋友圈，告诉身边朋友，今年又攻下了一个景点，有面子
	情感性任务	通过旅游脱离工作的烦恼，寻求内心的平静
客户痛点	不愿意看到的结果、问题和特征	旅行途中天下雨、住宿条件差、旅行途中发生危险、与旅行团其他成员没有共同语言
	完成任务过程中遇到的阻碍或者时间拖延	游玩时间太长，公司不给放假 旅行团迟到问题严重 途中车坏了没法到达目的地
	因完成任务的失误造成了损失	实地景观与网上照片不符 因为途中意外，返回时间拖延，影响上班
客户收益	必须的收益	旅游协议中安排的景点都能玩到，吃饭、住宿条件都能按协议兑现
	期望的收益	旅行过程遇到任何问题，旅行社能够及时回复并给予妥善处理
	渴望的收益	旅行途中，不仅能感受当地的风景，还能深度融入当地社会，体验当地人文风情
	意外的收益	收获友情，收获爱情 获得明年旅游的大额折扣优惠

以上介绍了"金字塔"三层模型与"价值主张"的客户任务、痛点与收益模型。两者描述体验的视角不同，但本质一样。客户任务中的功能性任务、必须的收益，对应"金字塔"模型的需求满足层、容易层；社会性任务、情感性任务、意外的收益，对应"金字塔"模型中的愉悦层。两个模型的学习，可以让企业更深度地理解客户体验的层次与范围。更重要的是，**用户体验的分析模型也是场景设计的关键**，在本书后面的场景共创章节，将会以此作为共创框架进行介绍。

（三）其他模型参考

关于客户体验的研究还有很多，比如：Future Now 的顾问布莱恩·艾森伯格（Bryan Eisenberg）提出的故事面板概念；杰西·詹姆斯·加勒特（Jesse James Garrett）定义了 Web 开发中关于用户体验的关键要素，将用户体验划分 5 个不同的层次：目标层、范围层、结构层、框架层、表现层；彼得·莫维尔（Peter Morville）提出的用户体验蜂窝（有用、可用、期待、可寻、可及、信任、价值）；惠特尼·奎森贝里（Whitney Quesenbery）提出 5E 模型：有效的、效率的、吸引的、易学的、容错的。读者如果有兴趣可以参考相关资料，进一步学习。但横向比较完这些模型后，企业在数字化转型的体验创新中，"金字塔"三层模型以及"价值主张"里的任务、痛点与收益模型相对更加适用。

四、客户体验的设计关键

（一）价值聚焦

优化创新客户体验，同样离不开目标，也就是说，企业的一系列创新动作想为客户创造什么价值？这个价值能够在公司整体战略、品牌诉求中找到答案，体验优化一定要与这个价值保持一致。公司的资源条件有限，不可能无限制地去满足客户所有需求，不可能解决客户所有痛点，而必须要聚焦某一个价值主张。比如：为了区别于天猫购物主张的"多"和"省"，京东购物则主张"快"，客户在京东上倾向选择"自营"商品，避免了"选择性困难"，省去大量决策时间，购物更快。再加上京东自建物流，送货更快，京东对"快"的打造，迎合了客户的速度和便利的需求。

（二）客户专注

企业优化客户体验，需要考虑客户群体的画像，不同群体的任务、需求、痛点会有所不同。比如：男性与女性在购物上有很多不同习惯，男性购物目标明确，有很强的计划性，因此在购物动线上，就需要给出清晰指引，设计更短路径的货品陈列；女性购物，偏感性，且在乎"逛"的过程，因此，动线设计上要营造颜值感、场景感、故事感。因此，企业在设计客户体验的时候，一定要想清楚客户是谁。

（三）认知测量

企业设定了价值聚焦以及确定了目标人群，就需要跟踪客户全程测量客户认知、收集客户反馈，找到客户感知与价值目标之间的差距。例如，可以通过电话、社群收集客户的认知反馈，也可以通过问卷、小组访谈、深度访谈征求客户的体验意见，还可以在自然环境下开展观察性研究，如神秘客户暗访、第三方旁观记录等。

（四）全程设计

前面的认知测量，找到了客户感知与价值目标的差距，接下来就要进行体验设计。体验设计要围绕用户全程进行设计，将客户体验过程分解为不同阶段、对应不同的客户任务，在每个交互点进行设计。比如在线购物可以分为搜索、比较、购买、收货、使用、评价、分享、售后 8 个阶段。在搜索阶段，客户需要快速找到所需要的商品；在比较阶段，客户希望商品能够物美价廉、好评如潮；在购买阶段，客户希望能有多种支付方式，操作简单；在收货阶段，客户希望能够更快到货、指定位置收货;在使用阶段,客户希望能够随时获得服务支持等。

(五)组织生态支持

《体验为王——伟大产品与公司的创生逻辑》中提出,同自然生态系统一样,企业的客户体验生态系统在这个客户消费的过程中或直接,或间接地发生相互作用。生态系统中包括了客户、员工、合作伙伴、政策、流程、IT 技术,这些组成部分从头至尾影响着企业与客户之间的互动,如图 3-12 所示。

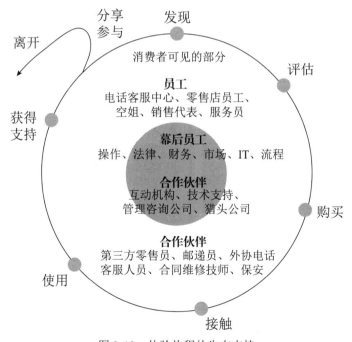

图 3-12 体验旅程的生态支持

比如某家电影院，在客户的订票环节，提供人工电话订票（直接：员工）、公司官网订票（直接：IT技术）以及通过美团订票（间接：合作伙伴）。客户看完电影后，去停车场缴费离场，中间遇到找不到车、无法支付等问题，影院提供小程序找车（间接：商场IT技术）、人工缴费服务（间接：商场员工）。可见，客户体验过程上的每个"客户任务"关联到多个生态对象，员工、合作伙伴、IT支持、政策支持等。每个客户体验的创新都涉及公司直接的、间接的、内部的、外部的多个支持单元的改造和升级。

综上，数字化变革就是重新构思并重新创造用户体验的过程。数字化只是用户体验优化的支持手段，企业需要从"金字塔"三层模型或者"价值主张"里的任务、痛点、收益模型进行分析，找到优化空间，并制订相应的IT开发计划。

第六节 应对四：运营场景，升级用户运营流程

关于用户的全周期运营，企业比较熟悉的是"AARRR"模型。该模型提出运营的5个阶段：用户获取（Acquisition）阶段，就是推广获得用户；用户激活（Activation）阶段，将新客户转化为活跃用户；用户留存（Retention）阶段，通过激励手段，避免客户流失情况；用户收益（Revenue）阶段，即产生用户变现；推荐传播（Referral）阶段，基于社交网络的病毒式传播，利用用户自传播获得新用户。该模型是纯互联网企业的运营蓝本，很多传统商业也在争相模仿，却发现诸多不适用的问题。比如以网店、微店、门店为主的带货模式，将推广与销售紧密结合，也就是"用户获取阶段"与"用户收益阶段"结合在一起，中间并没有用户激活的问题。商

第三章 学习数字思维、模式与场景

家在京东、天猫、线下门店直接销售商品，客户到店直接购买商品，商家关注的是如何提升到店客户的转化，如何提升客单价。又比如拼团模式，它更是将推广、销售与传播裂变结合在了一起，也就是将用户获取阶段、用户收益阶段、推荐传播阶段融为一体。

诸如QQ、微信、淘宝、移动支付、滴滴打车这些互联网应用都是基于"AARRR"模型蓝本发展而来。它们通过"免费思维"或"入口思维"先获得足够多的活跃用户，再转为付费客户，再借助老客户裂变新的客户，如此循环往复。但更为本质的原因是：这类产品和应用属于时代的颠覆式创新。在此之前，消费者完全没有接触过，面对一个全新产品和应用，消费者需要有一个低门槛进入、低门槛学习的过程。**因此，包含颠覆式创新特质的产品或服务，需要经历从用户获取、用户激活，到用户留存的阶段。这是一个学习教育的过程，该过程先建立了用户黏性和信任基础，才有后续变现可能。** 试想，面对一个见都没见过的全新产品应用，使用还需要支付费用，客户会去尝试吗？绝大部分人是不愿意当小白鼠的，尤其还是付费当小白鼠。

所以，"AARRR"模型背后的假设是"不信任假设"与"客户需要教育假设"。这个假设也同样适用于传统企业。如果企业的产品是全新的，需要教育消费者的，那么企业需要按照这个模型的5个阶段一步步推进。当然市场教育投入是巨大的，尤其容易出现刚教育完，被大企业跟随并分食红利的情况，这对小微企业来说危险系数很大。但是，如果企业的产品是常见的，或者仅有微创新，那么可以省去教育环节，找到一个合适的信任代理，跨越信任鸿沟，直接进行销售。此时，模型的5个阶段就需要做适当调整，也就是从"用户获取阶段"直接进入"用户收益阶段"，然后再激活与留存。在此，该模型可以根据传统企业的实际情况做一下调整。笔者把它叫作"数字用户运营模型"，如图3-13所示。

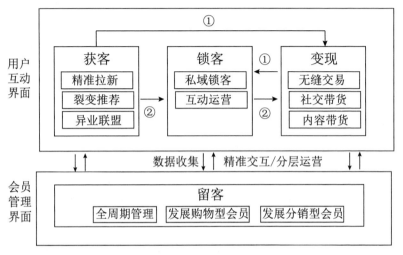

图3-13　数字用户运营模型

与AARRR不同，该模型提出两大界面，一个是用户互动界面，包含：获客模块，对应用户获取（Acquisition）；锁客模块，对应用户激活（Activation）；变现模块，对应用户收益（Revenue）。模型将推荐传播（Referral）理解为获客手段，纳入到获客模块。另一个界面是会员管理界面，对应的是留存（Retention），又叫作留客，解决会员管理问题。那么，为什么不把它放在变现模块之后，而是单独当作一个界面，放置于用户互动界面之下呢？因为，与过去"购买即会员"的思路不同，当前强调"触点即会员"。企业在用户互动界面中的每个触点上，都要想方设法将用户沉淀到会员管理系统中，留存用户数据、建立用户标签体系，搭建企业的用户资产。因此，需要把它单独理解为一个界面，放置于用户互动界面之下。

另外,基于"不信任假设"与"客户需要教育假设",在用户互动界面中,涉及两条互动路径。

路径一:适合大多数企业,也就是有信任基础,或者容易找到信任代理做背书,客户无须教育。这类企业销售标准型商品、有一定品牌知名度、客户购买的接触度低,客户试错成本低。这类客户的周期管理路径是:获客—变现—锁客。企业借助推广直接销售商品,然后"锁客",将购买的客户转入私域流量池中进行运营,为后续复购做准备。

路径二:也就是俗称的"先交心,再交钱",适合客户购买高接触、高门槛、缺少信任的品牌或商品,客户购买的试错成本高。这类客户的购买前提是充分的互动与体验,需要获得足够信任。因此,它的周期路径是:获客—锁客—变现,也就是通过推广获得客户后,不急于推销商品,而是先"锁入"私域流量池中,在流量池中进行互动运营,帮助其了解产品与品牌,有了信任基础,找适当时机再进行商品销售。

在该模型中,结合商业观察与实践,每个模块都有方法可选项供企业使用。比如:获客方法,一拉、一推、一联,也就是精准拉新、裂变推荐、异业联盟;锁客方法,用私域流量池"锁人",用互动运营"锁心";变现方法,涉及全场景无缝交易、社交平台带货、直播短视频内容带货。以下开始讲解各模块的应用方法。

一、获客:精准拉新

(一)方法模型

精准拉新的核心原理分为三步,如图 3-14 所示。

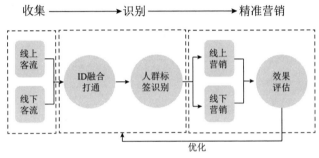

图 3-14 精准拉新三步法

第一步:客户数据的收集。汇聚线上客流和线下客流,收集消费者的基础信息,把所有的客户信息进行数据化处理。线上客户信息收集,可以引导客户关注公众号、下载应用获取位置、通信录等信息,也可以鼓励用户完善注册信息。另外,线上应用自带的数据处理能力,能跟踪收集用户的行为记录,如:读取用户端的硬件地址、COOKIE、用户日志等。线下主要依靠用户扫描二维码,比如:支付扫码、参加活动扫码获得客户微信信息,也可以利用 Wi-Fi 探针设备获得用户手机 MAC 地址信息,以及利用人脸识别技术获得用户脸部特征信息。

第二步:针对从不同渠道收集来的客户信息,需要建立统一的 ID 体系,比如:从线上微信与线下门店渠道来的客户,账号虽然不同,但可能对应的是同一个人,这时候在不同账号之间建立一个统一的 ID，便能识别客户身份。目前较常使用手机号、微信号作为统一 ID 号。把用户的 ID 打通，就可以利用上一步收集来的客户信息为用户填充标签，建立客户的标签库。

第三步：进行全渠道的精准投放。根据人群的购物偏好和渠道触达习惯，指定投放的人群（人群属性、人群分组或人群标签），设置投放的内容、时间、频次及投放的地点，达到千人千面的效果。

（二）适用场景

上述方法论对应着精准营销所需的三个关键能力，即用户数据收集能力、用户识别能力、信息触达能力，不同企业对三大能力的拥有程度不同，也就产生了三种主要的应用场景。

1. 腾讯、抖音等平台广告投放

关键特征：他人收集、他人识别、他人投递

微信朋友圈、抖音、头条投放广告便是此类。有一句话叫作："消费者注意力在哪儿，你的钱就在哪儿！"因此，企业需要在消费者注意力集中的地方投放客户感兴趣的广告，促进客户行动。目前，以微信、抖音、头条、小红书为代表的社交平台都支持广告投放功能，企业只要做好广告创意、选定投放人群、设置投放时间和频次，系统便能自动化投放。其中，基于位置的投放功能（LBS，Location Based Services），可以对门店周边人群进行投放，实现远场营销，为门店导流。

2. 会员营销系统投放

关键特征：自己收集、自己识别、自己投递

该方式建立在企业自有的会员营销平台上，平台里有用户数据池，且有自己的用户数据标签。企业在自己的消费者数据池中，进行人群标签的筛选，利用 APP、公众号、邮件、短信等自有渠道进行广告投递，引导客户消费。

3. 与大数据营销公司合作投放

关键特征：自己收集、他人识别、他人投递

很多企业用户数据池中的用户标签有限，难以形成完整的客户画像。因此，往往会与外部有第三方标签的大数据营销公司进行合作。这类公司提供用户识别能力，帮助企业补充用户画像信息，进而精准投递。比如：消费者靠近或者走进某家门店，在无感知的情况下，门店依靠自有的 WiFi 探针设备收集客户的 MAC 地址，或者借助人脸识别设备收集客户面部信息，上传到大数据营销公司的平台，平台匹配客户信息，调取用户标签特征，并根据广告投放策略进行对应的广告推送。

以上场景，需要注意以下两点。

（1）关于外部系统的广告投放，一定要追求合适的 ROI（投入回报比）

选择不同投放渠道，建立多组投放策略，遵循先小费用投放测试原则，直至找到最高的 ROI 投放计划，再进行规模投放。其投放策略关键要素是：广告创意的设计、人群的精准定向、广告投放计划制订、投放分析。

广告创意：好的广告创意带来高转化。公司平日里需要广泛收集广告素材，尤其是爆品广告创意。在没有好的创意团队情况下，企业可以去模仿成功的广告创意，为我所用。另外，注意投放"测图"。在未正式投放前，谁也不知道哪个广告能实现高转化，因此，可以先将小资金投入，对多个创意进行测试，找到高转化创意图后，再将主力资金投入其中。

第三章 学习数字思维、模式与场景

人群定向：对用户进行画像分析，筛选需要的用户标签、分组分群，圈定用户人群。

投放计划：确定投放时间、出价、投放频次。

投放分析：进行投放的 ROI 分析，优化投放策略。

（2）有效利用会员系统的客户资产，实现最大化变现

笔者曾经遇到一家医药连锁企业，在区域市场有 700 家门店，170 万名的活跃会员。他们对活跃的定义是半年内买过一次药。每次购买客单价，线下在 70 元左右，线上在 40 元左右。他们跟笔者说：门店缺少客流，而抖音、头条、朋友圈等第三方平台有限制，整个医药品类都不能投放广告，不知如何是好。美团和饿了么虽能为门店带来订单，但拿不到客户数据。根据这家药店连锁的问题，笔者的建议是好好利用这 170 万名会员，不要"手捧金饭碗，四处要饭"啦！具体是围绕这 170 万名会员思考 3 个问题：

- 如何提升会员的客单价？尤其是在线上购物，没有来到线下购物的人群，一定想办法到线下来，这是提升客单价的关键。

- 如何提升会员复购率？笔者建议两点：一是病前消费，2020 年新冠肺炎疫情让消费者更加注意身体健康，随着大家对预防意识的加强，病前消费、预防消费存在机会；二是慢病管理，这是个长期跟踪和治疗过程，也是持续复购的关键人群，值得重视。

- 如何让会员老带新？关键是裂变推荐，充分利用每个会员的社会资源，让会员带动身边朋友来购买。这样与其把费用花在外部流量平台上，不如让利给老会员，鼓励他们带新客，满意度还更高。当下的企业过多关注于外部增量市场，

而忽略了存量会员的利用。存量的价值深挖，以及存量带增量是流量如金时代的主要方法。

二、获客：裂变推荐

传统企业是"坐店等客"，依靠店前的公域流量，店前客流大，生意就好，客流小，生意就差。它是"一个正漏斗"模型。店前100个客流，进店的只有20个，意向的10个，成交的2个，最后门店还没加客户微信，没有转换为"私域流量"，客户都流失了，非常可惜。于是"坐店等客，越坐越死"。现在，企业要把漏斗颠倒过来，形成倒漏斗模型，让人带人、人传人，达到"全网裂变，越做越活"的效果，如图3-15所示。

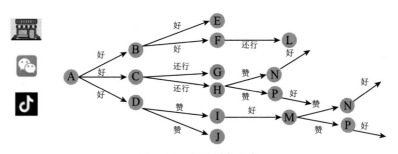

图3-15　全网裂变示意

图3-15就是一个"倒漏斗"传播模型。企业有多少个种子用户帮助传播，就会有多少个"倒漏斗"。关于传播裂变，《大连接》中提出了"三度影响力"原理，即"我们所做的或所说的任何事情，都会在网络上泛起涟漪，影响我们的朋友（一度）、我们朋友的朋友（二度），甚至我们朋友的朋友的朋友（三度）。如果超出三度分隔，我们的影响就会逐渐消失"。那么，根据三度影响力原理，

第三章 学习数字思维、模式与场景

裂变的威力有多大呢？假如企业的某个店员微信上有60个老客户，每个老客户中都有20个企业的潜在客户。此时，企业策划一个裂变活动的小程序，由店员去转发，理论上，小程序将触达多少人？如果，按1%的转化率，小程序将成交多少人？如图3-16所示。

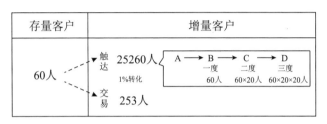

图 3-16　三度影响力

图 3-16 中，一度是 60 人，二度是 60×20 人，也就是 1200 人，三度是 60×20×20，即 24000 人，三度合计 25260 人，也就是传播面可以从 60 人影响到 25260 人，如果有 1% 的客户愿意购买，最后将成交 252 人。从 60 个种子客户开始，将带来 252 人的成交，这便是裂变的威力。那么，企业该如何策划有效的裂变活动呢？

（一）准备好裂变小程序

一场裂变活动需要用到会员注册、商品交易、裂变导流三大功能，建议这三个功能内置于微信小程序中进行展现。

（1）会员注册功能：主要作用是留存客户。利用会员功能，参与裂变活动的客户都会获取微信头像、用户名、微信号信息，并为他分配一个电子会员的身份，用以原始积分、导流优惠券以及初始权益。

（2）商品交易功能：用来商品浏览、交易、领取优惠券、填写地址等。

（3）裂变导流功能：利用客户占便宜的心态，设置相关的裂变规则，利用客户邀请客户进行分享传播。

这里需要强调的是，裂变小程序是不会自带流量的，需要依靠公司的私域用户向外转发，如：借助社群推广、微信个号推广，同时也可以配合外部推广导流，如腾讯广告、朋友圈广告、微信支付广告等。

（二）活动协同流程

裂变活动利用每个到店的客户，或者由门店导购利用自己微信客户开始，结合内置三大功能的微信小程序开启"双循环导流"，如图3-17所示。

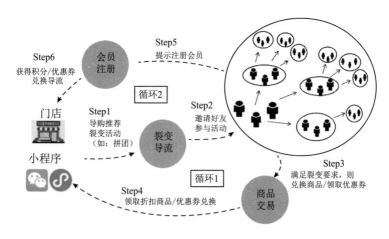

图3-17 裂变活动协同流程

第一步：门店或微店的导购，通过微信号、微信群、朋友圈，转发裂变小程序到客户微信，邀请客户参加活动。

第二步：客户为了获得实惠，按照活动任务的要求，利用自己的社会人脉资源进行传播裂变，比如拼团、集赞、砍价，帮助企业获得广泛流量。

第三步：当客户完成自己的邀请任务，便获得优惠商品的购买资格，或者优惠券，甚至免单，在小程序商城上完成交易。

第四步：企业根据自己的活动目的设计后续流程。如果卖货是目的，可以通过商品关联带动其他商品销售，直接在小程序商城里完成交易闭环。如果是线下导流的目的，则提醒客户到附近线下门店领取商品或者享受服务。这一步完成了裂变的第一个循环。

第五步：为了开启第二个循环，企业要在活动中设置注册会员步骤，为裂变产生的新客户分配电子会员资格。这样一是为了导流，二是为了留存客户。可以是"关注公众号"，也可以是关注店长个人号，并自动生成会员注册步骤，为会员赠送初始积分和优惠券，进而开启第二层循环，利用会员优惠券/会员积分导流。

第六步：会员客户使用积分或优惠券到门店、微店或小程序商城兑换商品。

（三）活动的关键要素

（1）利用进店客户发起裂变。导购需要利用每一个进店客户的接触机会，向其推荐裂变活动，一个都不要放过。

（2）利用存量客户发起裂变。在个人号、公众号、社群等流量池中，储备基础的存量客户，最好能有活跃度。活跃的客户更有意愿参与公司活动。如果平时不注意客户互动，突然向其推送裂变小程序，客户参与意愿则会很低。

（3）诱饵设计是关键。想要客户参加活动，一定要有好的诱饵，能够让客户赚到实惠。那么，什么是好的诱饵呢？这个诱饵，要有几个特点：高频使用、刚需、大规模适用、超低单价。为什么要高频呢？这样客户可以重复参加活动，帮助商家频繁裂变，试想，好不容易做一场活动，客户只裂变一次，是不是太可惜了。为什么要刚需呢？这样客户才能有"咬钩"的欲望。为什么要规模化适用呢？这是为了广泛裂变，如果商品受众小，裂变的对象并不需要，传播链就会断掉。而"低价"则是激发客户的参与冲动，让他们立即行动起来。

（4）活动门槛低。活动任务的设置，不要让客户感觉遥不可及。客户面对一个分享三个人的任务和一个分享十个人的任务，更愿意参与前者。

（5）活动设计得简单、有趣、好玩则更优。活动设计让客户花最少的动作、最少的思考，且过程充满乐趣，则客户更愿意参与。比如：某美容连锁店，为了让客户了解公司品牌与美容产品，策划了答题闯关小游戏，问题涉及各种美容小常识，消费者回答正确便可获得积分；如果不会回答，可邀请朋友帮助回答，一旦完成积分任务便可领取礼品。这类活动虽然有趣，但需要客户的深度思考，客户参与意愿就会很低。

以上列举了活动策划的关键。但大多数企业面临没有活动策划团队，也没有小程序开发能力的困境。此时，企业可以借助外部的活动平台快速生成裂变小程序，比如：拼团小程序、社区团购小程序、推荐有礼小程序等。企业只要注册平台会员，选择喜欢的活动模板，根据模板指引填写内容，10分钟之内就能生成一个属于自己的活动。比如微盟提供的活动模板，如图 3-18 所示。

图 3-18　裂变活动模板

（四）重点：拼团裂变

目前，拼团是最直接且有效的裂变方式。它传播速度快、利用熟人关系实现高转化，并且实实在在回归了卖货本质。较为常见的是"优惠团"形式，商家拿出商品做特价，消费者拼团成功则可享受优惠价。比如：知名童装品牌 Balabala 利用 3 人拼团小程序单月销售收入超过 1000 万元，转化率高达 117%。活动中，公司拿出原价 798 元的爆款鹅绒冬装做特价，活动价只要 398 元，并且针对线上云店拼团的客户更可享受 358 元的专享价。活动借助"私域流量＋小程序"进行，即：利用公号、个号、社群以及线下门店触点发送印有活动小程序的宣传海报，并推送拼团小程序。参加拼团活动的客户需要留存注册信息，帮助 Balabala 快速拓展私域新客，如图 3-19 所示。

图 3-19　Balabala 拼团海报

除了常见的"优惠团",还衍生出了很多裂变玩法。举例如下。

"免单团":成功拼团后发起拼团的团长可以免单,或者第几位客户免单。

"免费团":对于边际成本较低的商品,随着用户量增大,成本趋近于零,如:知识付费型商品、SaaS 软件型商品,可以利用免费形式快速拉新。即:拼团成功后,每位客户均免单。

"拼团返券":这个在餐饮店、打车消费比较常见。客户邀请好友参团后,达到人数要求则每位客户都可获得优惠券。

"秒杀团":达到拼团人数,则可参与秒杀,并有多种场次存在,例如 9:00 场、10:00 场、11:00 场等,以此类推,一般会倒计时,营造紧迫感。

"抽奖 / 试用团":客户花费少量的费用,比如 1 分或则 1

元钱参与拼团,则有机会被抽中赢得大奖或者参与新品试用的机会。

三、获客:异业联盟,合作共赢

异业联盟是在多方参与者中借助各自的品牌优势、IP 优势、流量优势、供应链优势,面向同一类型消费者进行联合营销的方法。在异业联盟中,多方相互间不需要为其他方付出同等价值的推广费用或服务费用,只需要将各自的能力或资源导入体系中,实现多赢。主要包括:异业导流、积分联名、IP 联名三种方式。

(一)异业导流

异业导流是商家之间共享自己的流量,将自己的流量引入其他方,共同做大流量的方式。它建立在三大合作基础之上,即:目标人群画像相似、产品需求具有互补性特征,以及各方的用户量对等。主要包括以下几种形式。

1. 直播连麦导流

该方式是合作方各自在直播时候,连麦其他合作方的直播间,合作方之间共享直播流量,实现相互增粉与销售共赢。

2020 年 9 月 29 日,由微盟集团牵头,新国货品牌红豆居家、雅迪电动车、梦燕服饰三大无锡本土品牌共同举办了一场连麦直播活动"无锡之夜"。活动借助微盟直播小程序,通过直播连麦的方式,将三大品牌的私域流量激活并汇聚,共享私域流量,红豆居家新增会员人数破万。同时,在联播期间,三大品牌采用统一的活动主视觉,并实现小程序商城之间的互相跳转。活动期间,红豆居家小程序商城新增订单超 2000 单,如图 3-20 所示。

图 3-20　直播连麦导流

2. 店铺合作导流

这种方式常见于天猫店铺之间、京东店铺之间、微信店铺之间相互导流。合作方之间在自己网页上放入对方的品牌广告、优惠信息或者折扣优惠券，访客看到后产生兴趣，于是点击链接跳转到合作方店铺中，店铺之间相互分享流量，形成共赢。

线上通过链接相互跳转比较容易，线下怎么做呢？较常见的方式是，在一个商业街道，不同商家之间联盟，借助优惠券的相互分发实现相互导流。比如服装店、洗衣店、美容店，面向女性人群将生活服务相关商家联合一起，相互导流。又如餐饮与音乐教育的合作，客户在餐饮店进餐的过程中能够享受乐队的弹唱，弹唱完毕，教育机构为食客发放音乐学习的试听券，为音乐教育机构招生。音乐教育机构获得餐饮门店的流量，而餐饮门店增加了服务内容，提升了客户的用餐体验。

3. 内容合作导流

合作方在各自的内容里植入对方的广告信息，形式包括：短视频互推、公众号互推、微博互推等。比如：媒体机构为建短视频矩阵，会在大号视频内容里植入小号视频信息，鼓励粉丝关注小号。又如合作方在各自的公众号文章里，植入对方的广告，粉丝在阅读文章的时候，产生兴趣，点击链接，进入到对方文章里，实现相互导流。

4. 社群互拉导流

比如：装修群与家居群，为了获得对方的精准流量，群主之间相互拉对方进群。

（二）积分联名

品牌力相近，规模量级相近、目标客户一致的企业，实现积分互换，流量互导。比如：中石化、银行信用卡、航空公司、通信运营商、大型商超连锁之间的联名合作，银行信用卡积分享受中石化加油优惠服务，通信运营商的消费积分兑换航空里程，绑定银行信用卡享受航空公司积分里程兑换服务，等等。一家企业的积分兑换范围有限，而多家企业将兑换资源联合，不仅能实现相互导流，还能给客户更多的兑换选择，积分得到最大化利用，客户体验更优。

（三）IP 联名

比如：商品与漫画 IP 的合作，2016 年《御宅超市城》漫画与品客薯片跨界合作，推出特别篇《品客侦探》，品客大叔的形象变身为品客侦探，进入御宅超市城破案的故事。通过合作，品客薯片的商标形象"品客大叔"被赋予人格化，从包装上的品牌商标，变身为系列漫画里的大侦探。同时，《御宅超市城》也从网络平台走出来，进入真正的超市中，让边吃薯片边看漫画成为时尚。又比如：基于对年轻客群的洞察，招商银行信用卡联手热度较高的国产动漫游戏《崩坏3》推出联名信用卡，卡面设计上，使用磨砂浮雕配上珠光点缀，再饰以贝壳工艺，植入游戏 IP 主力角色，为年轻用户带来全新的视觉体验。为鼓励用户多刷卡，用户刷卡达到一定次数，可领取游戏中的虚拟礼包或消费积分。IP 的联名合作，实现了 IP 粉丝的相互导流，也提升了商业品牌力。如图 3-21 所示。

品客薯片的 IP 联名　　　　　招行信用卡 IP 联名

图 3-21　IP 联名示意

四、锁客：私域锁客，打造可控流量

存量时代，打造私域流量是关键，企业需要将高价推广获得的客户装入自己的流量池中。那么私域流量池有什么特点呢？哪些可以作为私域流量池呢？

（一）私域流量池的特点

（1）私有的归属：该流量池的客户资产归属企业自身，不与其他商家共享，客户在流量池中不会接收到其他商家的推荐广告。

（2）简易的连接：就是客户可以快速和企业建立关系，比如扫码就能加微信好友，交换一个电话号码、关注企业的公众号，每个人都有这些社交工具且有较好的使用习惯。

（3）随时的互动：客户在流量池里，和企业沟通、阅读内容、参加活动，整个过程简单便捷。

（4）深度的服务：企业可以在流量池中为客户开展服务，客户不需要跳转到其他平台。

（5）便捷的交易：满足边聊边买、边听边买、边玩边买、边看边买，因为一旦交互过程和交易过程分离，增加了客户购买路径，转化率就会降低。

（6）数据化跟踪：因为未来的企业资产从实体资产转向了虚拟的"数字用户资产"，企业需要和客户的每一次沟通互动，记录客户的特征、偏好，为客户完整画像，形成未来深度变现的数字基础，因此，流量池要具备"数据化沉淀与跟踪"的能力。

（二）首选公众号、个人号、社群

企业经常选择与客户互动的流量池，包括公众号、个人号、社群、APP、微博、抖音、头条、小红书、社区群和线下门店。哪些流量池能作为私域运营的重点阵地呢？现将上述流量池与6个特点进行比照，如表3-6所示。

表3-6 典型流量池的特征对比

流量池	私有的归属	简易的连接	随时的互动	深度的服务	便捷的交易	数据化跟踪
公众号	私有	中度习惯 轻连接	高触达率 低阅读率 中精准度	中范围 中深度	可交易	中
微信群	私有	高度习惯 轻连接	中触达率 中阅读率 中精准度	中范围 中深度	可交易	中

续表

流量池	私有的归属	简易的连接	随时的互动	深度的服务	便捷的交易	数据化跟踪
个人号	私有	高度习惯 轻连接	高触达率 高阅读率 高精准度	中范围 高深度	可交易	中
APP	私有	中度习惯 重连接	高触达率 中阅读率 中精准度	中范围 高深度	可交易	中
抖音/小红书/头条号	公有	高度习惯 轻连接	高触达率 中阅读率 中精准度	小范围 低深度	可交易	中
线下门店	私有	高度习惯 重连接	低触达率 高阅读率 高精准度	大范围 高深度	可交易	难

通过对比发现公众号、微信群、个人号、线下门店可以作为私域流量运营的重点阵地。其中，个人号是重中之重，有着简易连接、深度服务、高度触达、高度精准、高度阅读的优势，可以作为客户服务、互动、变现的主阵地。社群次之，它虽有简易连接客户、互动性强的特点，但互动精准度不够、信息的触达率与阅读率也不是最优，可以充分发挥"基于粉丝间的社群认同，产生社群黏性，进而带动粉丝对企业品牌认同，产生品牌黏性"的社群优势，形成粉丝对企业的依赖。它也是维护客户关系的重要阵地。再者是公众号，它有着简易连接、高触达的优势，但其阅读率较低，可以将其定位于企业品牌官网与会员服务功能。上述三个都是线上流量池，需要与线下门店进行配合。因为线下连接客户虽困难，但其互动深且准、服务范围大、服务深度高，可以充分发挥它面对面的互动与服务能力，线下的交易客单价也高于线上，这些是运营的重点。

那么，企业APP、抖音、头条、小红书是私域流量池吗？为什么不被推荐？关于企业APP，它确实是私域流量池。在企业APP里，客户不会被平台以外的广告骚扰，也不会与APP以外的平台共享流量，用户数据更精细、更安全，并且企业可以在APP里开发各种功能满足客户多方面需求。但问题是：一，消费者的人均APP装载量在近年都保持平稳，并且各行各业都有大平台占据，消费者新装APP意愿不足；二，很多企业对消费者掌控力弱、业务属性可替代性强，消费者不是非装不可；三，小程序相比APP而言，省去安装麻烦，给消费者带来更多便利；四，很多企业的APP使用频率低，没有刚需且高频的产品或服务做支撑，APP的使用意愿就不强烈，客户即使安装了也容易被卸载。所以，对绝大多数企业而言，APP不是最优的私域流量池。当然，对于一些有实力、有意愿打造企业封闭生态圈、对消费者有掌控力、对用户数据资产安全性要求高、企业运营过程建立在数据资产之上的企业来讲，APP的运营还是很有必要的。比如：盒马鲜生、平安银行、中国石化等企业就是如此。

另外，抖音、小红书、头条这类平台属于公域流量池。试想，企业千辛万苦吸引的客户被平台的推荐机制，导流到平台其他商家或内容服务上，这是怎样的感受呢？比如，企业在实体店投放抖音号，吸引客户关注抖音，抖音的推荐引擎会推荐客户感兴趣的内容甚至可能是竞品广告，流量被共享。

（三）基于B2K2C模式，将公域转私域

在B2K2C模式下，"全能导购"作为开发、运营客户的主体，需要为他分配一个微信个号和社群，作为流量运营的主阵地。关于

微信个号,可以是"全能导购"的个人号,也可以是门店的店长号,有些企业担心未来员工变动影响客户流失,也可以采用企业微信员工号作为个人号。

接下来,企业需要重点关注三大流量,并导入私域流量池中。

1. 线上线下的公域流量

(1)电商购物平台的客户。电商平台获客成本高,第一次买卖的收益给平台交了广告费,不挣钱。于是,商家希望客户后续的复购能在微信端完成。比如,在天猫购物后,商家会电话回访客户,希望加客户微信好友。或者,客户在收到一个包裹后,包裹中夹带加微信的卡片,并提示加微信返优惠券。

(2)线下门店的访客。"全能导购"会利用每个进店客户的接触机会,邀请客户加微信好友,并提示以后门店的优惠打折信息、商品上新信息都会第一时间通过微信发送给客户,并且会为客户提供一对一服务。为了参加活动,享受优惠,客户自然就加好友。

(3)线下门店周边客户。比如门店周边的社区、商业街、校园,"全能导购"们会去派发传单、摆设摊位、发布楼宇电梯广告等方式,发展公域客户,直接销售转化并转入私域流量池。

(4)消费触点埋点。较常见的是在扫码点餐、扫码支付的过程中,自动关注公众号,更有甚者,将门店员工号和社群,也埋入其中。商家做法往往是以优惠作为诱饵,消费者在支付或点餐过程中,完成加公众号、加个人号、加社群3个动作。比如,正常扫码点餐需要支付100元费用,而系统提示加门店的"店长号",会有另外10元优惠。于是,客户扫门店的店长微信个号,店长个号弹出一个社群邀请链接,客户根据提示进入社群,社群机器人弹出"暗号",提示客户在支付时输入暗号,便可在原价上减免10元。

2. 公众号上存量粉丝

过去几年,企业将公众号作为企业品牌传播与客户互动的主阵地,积累了不少的粉丝量,但随着用户的阅读率下降,公众号逐渐弱化。于是,企业需要将公众号粉丝导入高触达、高阅读、高精准的个人号,并配合社群进行维护。具体可以是,利用每次公号推文以及每次活动策划的机会,将粉丝人群对应的个人号,植入到推文和活动流程中,鼓励用户加好友。

3. 会员系统存量客户

根据会员人群属性,匹配对应的微信个人号,利用每次为会员服务的机会,鼓励会员加微信好友。比较常见的是利用活动契机,电话回访加好友。比如:"先生您好,感谢您使用我公司的服务,我是您的专属客户经理。公司正在举办×××活动,邀请您参加,请问您的手机号是微信号吗?我将活动内容发送给您,待会儿麻烦您通过一下。"

五、锁客:互动运营,锁人更锁心

完成了前面的动作,私域流量池有了流量,但如果不去做运营,用户就会变得沉默,变成"僵尸粉"。

(一)运营内容分类

关于运营内容,企业需要按照用户职能与内容属性进行划分。当前,用户有了双重职能,一重是消费者(称作消费型用户);一重是潜在的销售推手(即 KOC,称作销售型用户)。因此,运营内容要按用户角色进行分类。另外,运营内容也需要按照内容属性划分,包括围绕产品物理使用需求的"物因型"内容,以及围绕用户生活情感相关的"心因型"内容。关于从用户角色与内容属性的内容策划可以参考图3-22。

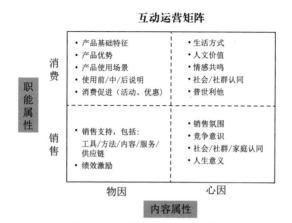

图3-22 职能—内容分类模型

（1）消费者运营，需要促进更多消费与品牌忠诚。运营内容，从"物因"到"心因"涉及产品知识、产品使用技巧、产品使用场景、购买产品的核心理由，讲解产品品牌的文化，产品对生活方式的影响等，并结合各种活动运营，促进客户消费。

（2）销售推手的运营，需要促进更多销售与平台事业忠诚。运营内容从"物因"到"心因"，包括平台给予的支持，推广工具使用培训、推广与运营方法培训，激励机制解读，以及创业梦想、获得社会认同的动机共鸣。

（二）以价值为目标的运营路径

互动运营的目标是提升用户黏性、产生更高价值。针对消费者运营，能产生更高消费与品牌忠诚。针对销售推手运营，能带来更高的销售额与平台事业忠诚。

第三章 学习数字思维、模式与场景

毕竟企业的运营精力与运营资源有限，企业不可能服务所有用户，按照"二八原理"，企业需要把80%的精力服务高价值的用户。此处的关键便是在普通用户中，如何发展更高价值的消费者以及更高价值的销售推手。

（1）关于在普通用户中，发展更高价值的消费者。企业需要借助私域流量池的互动机制，收集客户的互动与消费数据，将数据存入会员系统中，并对消费数据进行建模处理（模型可参考RFM模型，详见"留客"模块），进而由低到高区分用户的消费价值。

（2）关于在普通用户中，如何发展销售型用户（即KOC）。较健康的方式是在消费型用户中产生。用户先有产品消费，经过系列的互动运营，逐渐认可企业的产品和品牌文化，进而产生代理意愿。这类发展方式比较稳固，用户只有对产品和品牌忠诚，才具有长期合作的价值。那么，如何判断用户的代理意愿呢？除了常规的社群举办招商活动外，同样可以通过私域流量池中的互动机制，利用会员系统收集客户的互动与销售数据，并经过建模分析（模型可参考FFS模型模块，详见"留客"模块），判断具有代理意愿的人，然后逐一进行洽谈。除了在消费群体里挖掘代理，企业也可以利用职业推手群体，但是他们代理的商品不止一个，更倾向于选择高毛利、高认知度的商品进行合作，他们对品牌的归属性较差，具有短期合作、快速冲量的价值。

结合以上，建议以"个号+社群"作为私域互动的主阵地，**通过"分群管理"的方式，实现不同用户价值的区隔服务**，如图3-23所示。

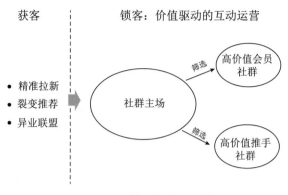

图 3-23　按粉丝价值分群管理

六、变现：无缝体验，快速成交

（一）全渠道接入，实现一体化运营

客户的进场，来自不同的碎片化渠道，企业就需要具备全渠道的接入能力，收集用户数据、用户交易、用户订单，做到一体化运营管理。接入的场景包含两类：一类是微信，如公众号、社群、小程序、H5 页面等；另一类是第三方，如抖音、快手、百度、QQ 以及支付宝等。企业没有全渠道覆盖的能力，因为每个独立的渠道都需要有相关 API 参数进行对接，如果企业没有 IT 部门，便很难实现。现在第三方平台提供商，帮助企业统一搭建了全渠道接入能力。企业借助全渠道接入平台，无论客户从哪个碎片场景进入，订单数据、用户数据都可以统一进行汇总、统一进行管理，而不需要每个渠道独立管理，客户体验更好，交易管理也更便捷，真正做到了一体化运营。

但现实中，所谓"全渠道接入"也只是有限接入。类似于天猫、京东、美团这样的大型平台，它们出于对数据资产的保护，以及平台体内生态循环考虑，企业可获得的客户数据仍然相当有限。

（二）信息共享，建立一致性体验

消费者会通过不同渠道进行比较，无论网店、微店还是线下门店，做到全渠道同款、同价、同量，这就需要不同渠道之间打通商品、订单、价格、库存、促销信息，实现用户线上线下无缝体验；比如客户在天猫看到一件促销商品，又到京东去对比，发现商品、价格都是统一的。又如客户在微信小程序看到一件促销商品，到线下门店去体验，发现促销政策也一样。这样，保持了客户在不同场景的体验连续性和一致性，促进销售转化。

当然，不同渠道之间的一致性体验也是"有限一致性"，一方面可能某些门店开业酬宾，价格会相比其他渠道更有优势；另一方面，也可能受制于第三方平台。比如在天猫、京东、美团这类平台上，平台的各种优惠补贴政策，会让价格相比线下有优势，而企业为了不定期地参加平台活动，价格必须压得最低，亏本卖是常有的事，这样会出现同样商品在不同渠道不同价格的情况，一定程度上形成了"渠道冲突"，影响了用户的一致性体验。

（三）实现会员四通，打造无差别权益

笔者曾经询问过一家零食连锁企业的会员数量，企业反问我："您指的是线上会员，还是线下会员？"在笔者看来，不管是线上还是线下，新零售时代里，它们都只是用户触点。在各个触点之下，企业需要建立统一的会员系统，并实现四通：会员身份打通、会员积分打通、会员权益打通与会员卡券打通。会员无论从哪个渠道进

入,都能快速识别会员身份;会员无论在哪个渠道消费或互动,都能有消费积分或行为积分;会员无论在哪个渠道消费,都能享受会员权益,并能跨渠道使用会员卡券,享受优惠。

七、变现:社交带货,右脑成交

(一)社交推荐成为搜索购物的另一主流

随着以搜索为中心的平台电商获客成本越来越高,从2014年开始,大量商家开始转战手机微信端,其中一个商家无意中在微信朋友圈里晒面膜的举动,开启一个崭新的社交带货新模式,从此开始一发不可收拾。大家熟悉的微商、拼团、直播、短视频从广义上看都属于社交带货的模式,它们的核心是"推荐",与以往的搜索为中心的平台电商在消费的转化路径上有显著的不同,如图3-24所示。

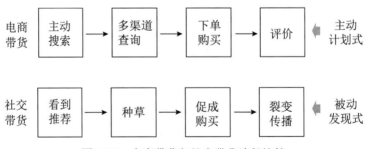

图3-24 电商带货与社交带货路径比较

传统的平台电商,也包括线下门店,客户基本都是有计划性地进行购物。客户主动搜索,在不同渠道、不同店铺之间来回比较,查阅商品信息,再下单购买,最后给予评价。从交易上看,平台电商因为商品搜索与比较的效率高于线下,且商品价格普遍低于线下,因而在一定时期内取得了竞争优势。但从购物路径上,平台电商与线下购物没有本质上的区别,同样是带有计划性的搜索式购物。而社交购物却发生了本质的变化,客户购物不再有计划性,而是被动发现式。他们看到一个朋友或者 KOL 的推荐,被推荐的商品或内容展现形式所吸引,从而被"种草",促成购买,并且继续转发其他好友,带动更多人购买。

所以,平台电商购物、线下门店购物的核心是以"搜索"为中心的主动计划式购物;社交电商购物的核心是以"推荐"为中心的被动发现式购物。那么,现将这两者种购物方式的优劣势进行对比,如表 3-7 所示。

表 3-7 推荐模式与搜索模式的体验比较

	社交带货(推荐)	电商平台(搜索)	线下门店(搜索)
购物路径	短	长	长
购物时间	短	长	长
决策过程	简单	复杂	复杂
信任代理	意见领袖、朋友、邻居、IP	平台、商品品牌	导购、商品品牌
思考方式	感性	理性	理性

首先,在购物路径上,推荐购物优于搜索购物,实现了"边看边买""边玩边买""边聊边买""边听边买",消费者所见即所得,另外,搜索购物则需要在商品的海洋中耐心挑选,货比三家,购物路径长;而较长购物路径也带来较长的购物时间,消费者需要花费较多时间在不同商品之间比较,且每个商品的"3 米详情页"(很多企业的爆品页面图片的累积普遍有 2~3 米长),需要花费消费

者大量时间阅读学习，这对用户体验都造成损害。

其次，决策方面，推荐购物同样优于搜索购物。在电商平台与线下门店购物，消费者会遭遇"决策性困难"。一方面他们担心自己买贵，在商品海洋中反复挑选，好不容易看到更便宜的，又担心商品质量差；另一方面，帮助决策的"销量""评价""店铺评分""晒图"，担心是刷单，怀疑真假，其原因是帮助决策的"信任代理"是平台或商家，消费者信任有限；而推荐式的社交购物，信任代理是"意见领袖""朋友""IP"，相比平台商家，更加容易获得信任，于是加快了决策过程。

最后，社交带货是"感性带货"，消费者购物更加有冲动性，很少去对比价格。比如你看到一个短视频，被其中故事场景打动，快速下单。又如某主播推荐一套口红，亲自示范，并且一句"Oh my God，买它就买它"，消费者顿时"神魂颠倒"，快速下单。这样的购物过程是感性的、冲动的，大部分消费者都不会货比三家，对价格也不敏感。因为消费者相信主播的人设，也就相信他推荐的商品。这就是为什么社交带货购物路径短、决策时间短的原因，从这方面说，消费者购物体验会更好。

我们都知道，人的大脑分为左右半球。左半球，也就是左脑，掌管着数字、逻辑、语言、推理、分析，左脑又叫作"理性脑"；右脑，掌管着图画、音乐、韵律、情感、想象和创造，又叫作"感性脑"，如图 3-25 所示。

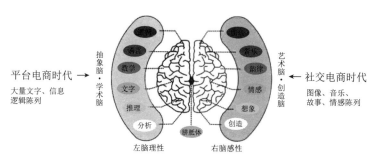

图 3-25　左右脑半球思考方式比较

在平台电商时代，商家主要营销客户的"左脑"，他们将大量有关商品的信息进行逻辑化、结构化编排，摆事实、讲道理，说服客户购买。"左脑"的说服原理是什么呢？郭昆漠提出，产品销售信息呈现"FABE"结构化分布。无论是线上的天猫、京东的商品详情页，还是线下销售人员的销售话术，都遵循同样的逻辑模型。如表 3-8 所示。

表 3-8　FABE 模型介绍

概念	F Feature， 产品特征	A Advantage， 产品优势	B Benefits， 使用好处	E Evidence， 证据
解释	产品的特质、特性等最基本功能，以及它是如何用来满足客户的各种需要的。例如从产品名称、产地、材料、工艺定位、特性等等	即（F）所列的商品特性究竟发挥了什么功能？是要向客户证明"购买的理由"：同类产品相比较，列出比较优势；或者列出这个产品独特的地方	即（A）商品的优势带给客户的好处。通过强调客户得到的利益、好处激发客户的购买欲望	包括技术报告、客户来信、报刊文章、照片、示范等，通过现场演示，相关证明文件、品牌效应来印证刚才的一系列介绍

拿一个充电宝来举例说明：

F（特征）：就是 12000 mAh、铝合金外壳、原装 18650 电池、30 min 快速充电，这都是充电宝的特征属性。

A（优势）：和别的充电宝对比，充电时间更短、容量更大；电池是原装；外壳是铝合金。用图片清晰展示。

B（好处）：国外旅游时候，不怕手机没电，让快乐持续；火车上看大片，不断电，让快乐持续；各种场景下，展示手机没电的痛苦，对比充电宝供电后带来的快乐，这就是好处。

E（证据）：给出买家的使用截图、仪器测量数据、国家 3C 认证证书、生产线的照片，让客户觉得你没有吹牛。

以上，就是调动左脑的 FABE 模型，主要依靠文字为主的信息与逻辑陈列，说服客户购买，它更多的是调动客户左脑的理性思维。

而在社交电商时代，消费者以"推荐为中心"开展发现式购物。其中、短视频、直播成为带货的主要形式。这类带货，主要依靠图片、视频、音乐，故事化呈现进行带货。它对应的是客户的感性右脑。从古至今，人们都习惯用故事、谚语、传说来向后人传递社会发现和观点。从孩童时代开始，人们便倾向于用故事、游戏进行学习。因此，可以说人们天生就倾向用右脑记忆，接受右脑思考的习惯。只是后天的应试教育机制抑制了右脑能力的发挥。在美国，荣获 1981 年度医学、生物学奖的斯佩里博士做过一个有名的实验。斯佩里博士切断患者的位于左右脑连接部的脑梁，然后挡住其左视野，在其右视野放上画或图形给患者看，患者可以使用语言说明图形或画上的东西是什么。可是，如果在左视野显示数字、文字、实物，哪怕是读法很简单，他也不能用语言说出它们的名称。

爱因斯坦曾经说过："我思考问题时，不是用语言进行思考，

第三章 学习数字思维、模式与场景

而是用活动的跳跃的形象进行思考。当这种思考完成以后，我要花很大力气把他们转换成语言。"这是从右脑向左脑的转换。右脑是创新的源泉，具备创造性、图像化的记忆学习，相比于左脑机械式、文字化的信息处理，无论是在个人成长还是对于社会发展都能起到创新式的推动。

因此，当前的短视频、直播带货方式，正是适应了人们长期被压抑的右脑思维，挖掘了右脑思维这座金矿。它的带货方式是右脑进左脑出，即：右脑"种草"、左脑"拔草"，如图3-26所示。

图 3-26　短视频直播的带货逻辑

但是事情也没有那么简单，右脑是感性脑，也是一个"冲动的脑"，它会带来"冲动的惩罚"，就拿直播带货来说，在2020年3月31日，中国消费者协会发布《直播电商购物消费者满意度在线调查报告》，报告显示44.1%的消费者认为冲动消费太严重，25.7%消费者认为直播行业没有法律标准，20.7%认为假货太多，如图3-27所示。

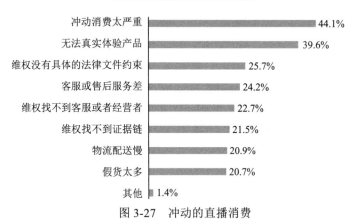

图 3-27　冲动的直播消费

冲动的购物带来高退货率。奥美上海战略、社会和顾客关系部副总裁鲍勃·王曾透露一个数据："尽管直播带货现在很流行,但产品退货率是品牌官方电商销售渠道的 2~3 倍。"另外,艾媒数据中心显示 2019 年中国直播电商用户中取消订单或退货的用户,经常或频繁退货的用户接近 30%。

但这个问题是直播本身的弊端带来的吗?或者说是右脑思考的弊端吗?笔者认为不是,凡事从开始到发展都有一个过程。比如:电商平台起步的淘宝时期、社交起步的微商时期,甚至包括我国改革开放初期,"水货"泛滥,都经历过这个过程,所以,在笔者看来,以直播为代表的社交带货长期还是看好的。这个需要平台方通过法律、法规加强对商家和商品的管理,以及商家自觉的诚信经营。

(二)社交带货的框架

社交带货的实施分为两个阶段三个步骤:在"建立存量用户"

第三章 学习数字思维、模式与场景

阶段,利用社交进行导客,并且利用私域流量池进行锁客;在"存量带增量"阶段,则利用存量用户自身的社会网络关系裂变新用户,形成增长,如图3-28所示。

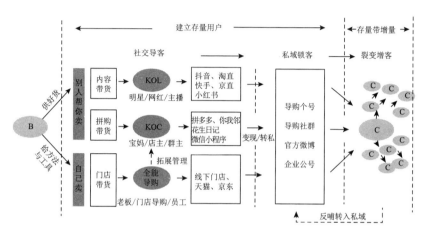

图3-28 社交带货框架

(1)社交导客:主要分为内容带货(包括直播、短视频、图文、条漫)、拼购带货和门店带货。其中内容带货的主体是KOL,即借助外部网红的影响力和信任基础,在抖音、快手、小红书等短视频直播平台进行带货。拼购带货是借助KOC的圈子影响力,在你我邻、松鼠拼拼、社群微信小程序这类拼购平台进行带货。这两类是商家借助外部力量进行带货,"流量资产"和"信任资产"都归属外部。如果商家想要建立持续发展,则需要建立自己的"流量资产"和"信任资产",那么,依托自有店铺(包括网店、微店、门店),发展全能型导购进行带货成为重要途径。老板、门店导购和公司员工都可以培养成全能型导购,通过全能导购获得的流量和用户信任,归属企业自己,相对前面外部渠道带货所获得的流量和信任资产都更加可控。本书前面讲的B2K2C模式便是这种。全能导购扮演推手，一面自己作为 KOC 自己卖，一面发展外部 KOC，帮助企业卖。

（2）私域锁客：流量如金、流量总体增长乏力的情况下，外部流量再也不是取之不尽、用之不竭啦！从"求外"转向"求内"才是持续之道。因此，要利用外部合作的 KOL 带货触点、KOC 带货触点与自己的全能导购带货触点，设置优惠诱饵，将用户转向私域流量池。如前所说，外部渠道也是依赖流量生存，将它们的流量转向你自身平台相对困难，它们会给你设置很多"转域约束"，比如天猫平台、抖音平台、外卖平台是不允许投放微信社群、微信号二维码，不希望商家将流量转入私有。但是，商家仍然要想办法，不放过任何一个触点机会，尽可能将流量私有化。

（3）裂变增客。前两步都是帮助商家建立存量用户，这一步就是利用存量用户发展新用户，即以老带新，通过一带十、十带百的裂变方式进行拓客。裂变增客是充分利用每一个客户的社会资源进行变现，将原本的广告推广费用转移为活动优惠，拉动消费者进行社会化推荐。这样既帮商家节省了推广费用，也使消费者获得了实实在在的好处。

（三）直播带货的关键

市面上关于直播带货的介绍非常多，这里说说直播的几个关键点。

（1）导流预热很重要。很多商家都有过只有两三个人看的直播经历。观看人太少会让主播失去激情、提不起兴趣，而没了激情与兴趣的直播又让观众更少，成了死局。直播和其他渠道一样，都离不开导流，直播进入下半场后，流量红利褪去，商家要么去平台上花钱买坑位导流，要么平时注意"私域流量池"的建设，对私域

第三章 学习数字思维、模式与场景

用户提前告知，不然就会陷入直播无人看的局面。

（2）开场破冰很重要。直播开始的时候，现场氛围比较"冰冷"，大家对直播的内容有预期、也有质疑，主播需要第一时间吸引用户注意力，打消客户疑虑。这里介绍几种方式。

①提问开场。对一个消费场景进行提问，让客户参与思考与产品相关的问题。比如："你有没有遇到过……呢？为什么会给你造成……呢？今天的直播将为大家揭晓。"

②数据开场。数据是最有说服力的。主播可以将本次直播要素中的关键数据提前提炼出来，在开场时展示给观众，用数据描述使用企业产品后的结果事实。特别是专业性较强的直播活动，可以充分利用数据开场，第一时间令观众信服。

③故事开场，人们天生更容易接受右脑思考，相比一开播就介绍产品，先讲述一个与主题相关、客户相关、产品相关的故事，不管是真实的还是虚拟的，都能够拉近客户距离，引起客户兴趣与认同。

④热点开场，也就是"蹭热点"，借助大家对热点的关注，发表看法，引起大家共鸣。热点主题尽量与品牌理念、产品人格、直播主题相关。

（3）直播留客很重要。相比线下，线上直播表现出跳转成本更低、兴趣容忍度更低、注意力停留时间更短的特征。在线下，某个产品发布会现场、教育学习现场或者主题沙龙现场，即使客户遇到不感兴趣的内容，也会保持高容忍继续看、继续听，中途退场仅是少数。为什么客户不感兴趣，还不轻易选择离开呢？因为，客户来到现场、离开现场都要花费时间、精力和费用，即跳转成本比较高。但是线上直播不同，客户跳转成本比较低，不喜欢则可以关闭或者跳转到别人的直播间。另外，线上的"猜你喜欢"的标签推荐能力，总是有不同内容推送给客户，客户的选择太多，兴趣容忍度也会低很多，不会耐着性子观看一个毫无兴趣的直播。再者，客户在线上的注意力停留时间普遍在 3~5 分钟。如果 3~5 分钟内没有一个他感兴趣的"梗"，则会跳失。这对企业直播提出更高要求，企业要想办法提升"客户观看时长"。面对以上问题，企业该怎样做才能让客户不离开呢？关键是调动客户的"右脑"，也就是图像、声音、游戏、互动、兴趣刺激，给大家 4 点具体建议。

①幽默段子。平时注意收集幽默段子。在直播现场穿插些幽默段子，当然段子内容能和品牌、产品、直播主题相结合则更好。

②主播才艺。插入跳舞、唱歌、乐器、游戏能够调动客户兴趣。

③"营养"内容。插入客户学习、成长、实事观点的内容，让客户能够"看有所获"。

④"占便宜"心态。插入抢答、抽奖、派发优惠券、礼品、秒杀、限时折扣，让客户"占便宜"，进而促进销售。

这 4 点可以充分调动客户的感性右脑，让客户冲动起来。根据客户 3~5 分钟的注意力停留时间，商家需要 5~10 分钟为一个时段，穿插其中的一项，才能留住客户。

（4）直播转化很重要。可以借助直播视频特性，将产品进行可视化体验，产品使用前后的效果对比；直播产品的原材料采购、种植、生产、加工过程，增加产品可信度；引入客户现身说法，或者引入网红、创始人做代言等方式，促进销售。如果是服务型或高接触型商品，可考虑使用"探店直播＋优惠券导流"方式将直播客户导入线下。

（5）引导关注很重要：也就是将直播作为链接客户的触点，

借助直播机会，将客户转入私域流量池。比如在直播过程中或结束前，释放"诱饵"，鼓励客户加微信、进社群、关注公众号。

随着 5G 时代到来，直播也会出现更多新的形式，VR 直播，让客户更有代入感；高清直播，清晰度从 4K 到 8K，让客户了解商品的纹理细节；溯源直播，能从当前主流的商业场景直播，转向制造工厂的制造直播、农场的养殖种植直播、原材料生产过程直播，形成全价值链的直播转场；连麦直播，让不同直播间相互连麦、相互导流。借助基础技术的发展，将出现更多的直播形式，这些丰富了直播体验，也将提升带货转化率。

本书的重点是"转型"，关于社交带货或直播带货话题，这里仅仅介绍基础性、原理性和框架性内容。

八、留客：建立数字客户档案

数字化转型就是创新客户体验的过程，客户需求的洞察在数字化转型中起到关键作用。关于客户洞察，企业需要知道客户平时喜欢从哪里了解产品信息，客户能够接受怎样的产品定价，客户更喜欢哪些品牌产品，客户最近更关注的产品功能有哪些，客户喜欢在哪些渠道与企业进行互动，客户为什么购买产品后就不再来了，购买企业产品的客户都是哪些人。企业只有收集客户的基础数据、设定客户标签、精准描绘客户画像，才能制定更合理的数字战略。这便要求企业建立客户的数字化档案，对客户数据进行标签化处理。

2017 年 7 月，易观联合德勤发布"第四张报表"产品，提出："'第四张报表'是通过关注企业在运营过程中的数字资产，从用户数据分析、渠道数据分析和产品数据分析，使企业在竞争营销、提升用户价值和延长用户生命周期上有科学的数字依据，通过数字化的运营提升企业竞争力。未来企业价值的评估除了传统的财务三大报表,即利润表、现金流量表、资产负债表外,数字资产将成为'第四张报表'。"由此可见,企业需要将前期"获客""锁客""变现"的互动数据做留存,建立数字客户的档案,为客户贴上各类数字化标签。未来的企业核心资产便是这些标签化处理的客户数据。这里提供客户档案的四类客户标签,供参考。

基础客户数据标签。包括人口属性、购物场景、信用评分、浏览场景、兴趣关注、位置信息等,如图 3-29 所示。"获客"阶段的精准拉新环节,便是基于这类客户数据开展。试想一下,客户一旦走入店中,店员就能在第一时间了解客户各方面的信息,然后开展差异的服务营销工作的场景。再或者,客户走到电子屏幕前,看到的是近期多次关注的商品的场景。场景背后,是系统基于用户标签的"个体识别"功能,然后实施"千人前面"的营销服务的结果。客户体验得到提升,商家的推广也更加精准。

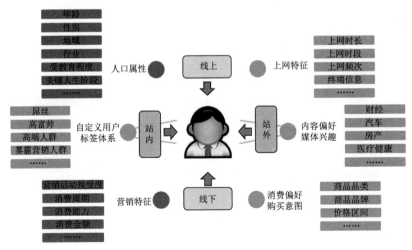

图 3-29　客户基础标签

客户生命周期的标签。企业需要区分新客、老客、忠实客户、沉默客户。

针对首次关注或者购买的客户，贴上"新客"标签，企业需要在服务环节尽可能收集和完善客户信息，让客户"留资"（留下个人资料），补充标签。针对重复购买的客户，贴上"老客"标签。企业需要为老客搭建权益体系，提升购买体验，做好老客的关怀营销。针对长期持续购买的客户，贴上"忠实客户"标签。企业需要重点维护，定期开展专属的线上与线下活动，让他们感觉到自己被区别对待。针对不复购、不活跃的客户，贴上"沉默客户"标签。企业需要借助优惠券和活动激活他们，开展定向优惠鼓励他们回购。

客户购买力标签。依据标准的"RFM"模型（最近一次消费 [Recency]、消费频率 [Frequency]、消费金额 [Monetary]）收集一段时间内的客户购买频次、购买金额以及最近一次购买时间，为用户贴上 R1、R2、R3，F1、F2、F3，M1、M2、M3 的标签，代表每个用户的购买强度，标签值越大，则客户的购买力越强。企业需要遵循二八原理，将 80% 的服务及优惠资源重点服务 20% 的购买力强的客户。这个标签体系的建立，可以帮助企业识别老客户与忠实客户，他们是公司的营收的主体，是公司的收入生命线。我们都知道，开拓一个新客的成本是维护老客的 5 倍，如果一面是新客进入，另一面是老客流失，将会带来高昂的推广成本，难以形成持续的竞争优势。因此，企业需要借助"RFM"模型判断哪些才是重点客户。

客户社交影响力标签。社交时代，以"人"为中心的推荐带货模式，成为公司的重点收入来源。"人"的影响力，也就是他的社会资源数量，是带货高低的关键。因此，企业需要给每个客户贴上影响力标签，来判断他的社会资源变现能力。主要通过"FFS"模型（喜欢[Favorite]，好评[Favorite Comment]，分享[Share]）来判断。本章前面介绍了B2K2C模式，其中对"KOC"的评估与开发，可以利用该模型作为评估标准，来判断他的社会资源变现能力，并加以定向引导，帮助企业组建KOC团队，形成新的带货渠道。

这几类标签的建立和管理，主要集中在会员系统中完成。

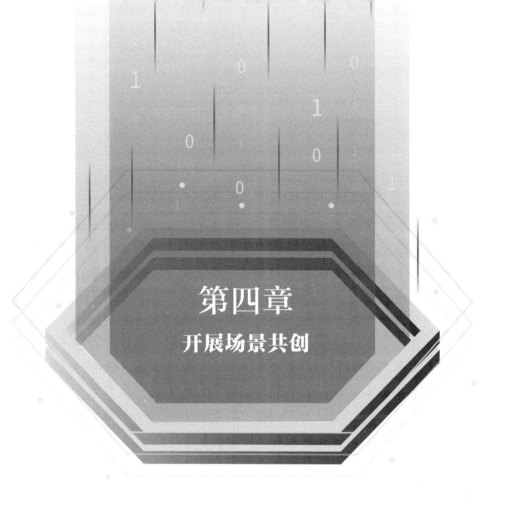

第四章
开展场景共创

❝ 场景共创"是衔接"学习"与"行动"的关键,它前接知识导入性的学习环节,后接 IT 建设与试运行的行动环节。它本着开放性、过程性原则,让规划不再是"闭门造车",不再是"一锤子买卖"。它充分利用"群策群力"的技巧,调动群体创意,鼓励相关人员参与,共同制定落地方案。

第一节　故事-4　受质疑的转型方案

一、开启调研

经历上次两天培训后，王总对数字化转型有了基础认知，但是要规划出一份公司数字化方案仍有一段距离。于是他想到了老同学。

"老于，晚上有空吗？好久没聚了，晚上坐坐？"

于同学是个学霸，大学期间读了三个学位——计算机技术、市场营销和工商管理。他毕业后，选择电子商务方向。这一干就是18年，从IT到互联网运营，再到数字化咨询他都有所涉猎，硬是把自身所学发挥到极致。

"老王，你平时这么忙，怎么想起请我坐坐啊？是不是遇到什么事了？还是想念我这个老同学呢？"老于说道。

"当然是想你了呀！"王总半开玩笑，接着说道，"但也是遇到点事情，这不向你这个专家请教下嘛。"

……

老王和老于，来到咖啡馆。老王把整个项目的经过向老于做了介绍。

"是的，你们张董说得没错，数字化转型，数字只是个手段，目的是解决当下的'增收'问题。而你觉得'增收'靠什么呢？"老于问道。

第四章 开展场景共创

"说实话，我们公司是一家传统企业，目前增收主要依靠线下渠道，自营和经销为主，经销商赚到钱，我们就能赚到钱。"王总回答。

"那么你觉得现在经销商，赚钱能力怎么样？"，老于问道。

"别提了，经营都很困难，这两年60多家经销家退出了我们的体系。"王总答道。

"那你知道，它们是哪里做得不对，导致经营困难呢？"老于问道。

"这个嘛，说实话，我也不太清楚，我们以前只关注产品设计和渠道拓展工作，至于它们应该怎么卖，一直不是我们关注的重点。"王总答道。

"那么，现在离开谁都活不了，你们成了'命运共同体'。我送你一个当前很热的词汇，叫作'赋能'，你需要为它们赋能，帮助它们改善经营。这也是一种'利他'思维，经销商活得好，你们才能活得好，形成标杆，未来才会有更多经销商加盟。"老于答道。

"赋能，这个有点儿意思。"

"是的，前提是你要知道它们需要什么？哪些方面能帮到它们？所以你需要先调研，了解它们的痛点。"老于说道。

……

后续，王总按照老于的指引，开启了调研工作。

二、撰写报告

经过一周时间，王总带领的团队收回调研问卷50份，并且针对大、中、小体量的渠道走访调研了10家。这次收集了各种大家反馈的问题，有店铺运营的、团队管理的、营销推广的，也有厂家支持的。

回到公司，王总和团队一早就开始进入方案规划环节。

"接下来，请小李将我们这些天收集的各类问题整理一下，按团队管理、店铺运营、系统IT、产品供应、市场推广几个方面展开。我们需要知道大家反映的问题主要在哪些方面。然后，针对这些问题开一个研讨会，大家一起商量下问题的解决方案。给你一天整理时间，明早9:00我们开会。"王总说道。

小李根据王总指示，快速地整理着这些天的调研内容。

第二天一早，大家如期入会。小李将整理的调研内容，打印后发给每位同事阅读。

"小李，感谢你的梳理。这些业务问题，我们需要给出解决思路。我想未来方案的落地，一部分需要相关部门配合完成，而一部分可以由IT系统协助完成。邀请两家我们之前陆续沟通过的IT供应商过来，看能否针对这些问题提供一些思路。

接下来，报告撰写，和我们以往写的规划框架一样。调研部分、方案部分、实施部分、预算部分。我们分一下工：小李，调研部分还是交给你；方案部分由小天负责，这个是重点，我们一会就方案再重点讨论下；另外，关于实施和预算部分，请小刘邀请供应商过来，让供应商提供解决方案和报价……"

三、备受质疑的转型规划

不知不觉，又一周过去，王总带领团队整理出了一份逻辑严密、有理有据的规划报告。

很快，项目委员会进入第三次会议，大家带着很高的期望，来听王总过去两周工作成果的汇报。

第四章 开展场景共创

王总说道:"这次的方案规划,是基于调研事实为基础,针对调研发现的问题,我们团队头脑风暴了5次,并且和IT公司沟通了3次,才给出解决方案;我们还电话连线了上次讲课的老师,他也给出了很多独到的观点,我们很受启发。接下来,开始我的汇报:

首先,我们调研发现……所以,针对调研中收集的问题,我们商讨后给出的思路是……

接下来,我用一张图给出我们的实施框架……第一部分我们的目标是……做法是……第二部分,我们的目标是……做法是……

最后,我们调研了两家IT供应商,了解了大概费用是……

好的,我的汇报完毕,请大家给出意见和建议。"

一个小时的报告,王总将自己对数字化转型的理解以及实施方案进行了充分的讲解。

张董首先说道:"感谢王总这两周的努力,这版方案比上次有了明显改善,重要的是从业务角度出发,发现问题给出方案。下面请大家看看,有没有什么意见?"

此时,总经理李总说道:"我以前理解的数字化,就是增加一个数字化的卖货渠道,比如天猫、直播都是渠道,你今天提的数字化感觉不像是一个单一渠道,好像不分线上、线下,你要做的是全渠道覆盖吧,不知道我的理解对不对。那么,公司现在没有任何一个部门能做全渠道管理,而且还需要IT部门投入大量支持。根据刚才的汇报,我的理解是要对公司的整体架构做变革哦,这样对我们的原有业务会有影响,毕竟公司的线下销售占了95%以上,经销商销售占比高达80%,如果我们贸然变革,影响了渠道利益怎么办,这样会伤害我们的营收根基啊。因此,我想我们能不能先从一个数字化渠道做起呢?"

接着，方总发言："王总提到的'赋能概念'特别好，我也赞同这种'利他思维'，帮助经销商盈利，我们才能赚钱。你提到当前门店的经营能力落后，不能掌握线上线下一体化的运营模式，经过上次的培训学习，我也看到了当下确实存在差距。但是，包括我们自营门店在内的渠道员工，平均年龄在38岁，大家都习惯了以前的做法，这些固有思维和习惯改变起来是很困难的。"

IT部门顾总也跟着发言："我有几点疑问：一，你提到的业务运营系统与智能营销系统都很好，可是我们之前的系统是花了280万元购买的，才用了一年，自营店和部分经销门店都在使用。如果直接替换，成本会不会有点高呢？有没有两全其美的办法？二，部分经销商也同时经营其他品牌，让它们使用我们的系统比较难。三，我之前给经销商培训POS系统使用，就花了九牛二虎之力。它们的学习能力和配合意愿，不会有我们想的那么好，尤其植入了更多功能的POS系统，还有云计算、大数据这些概念，它们更是一头雾水。按经验，它们是很难配合执行的。四，你提到经销商使用我们系统后，公司可以获得最终消费者数据，这个非常好，也是我们当前亟须的。只是，经销商不会那么做，它们害怕将客户数据给到我们。我们需要打消它们的疑虑。"

……

不知不觉会议进行了两个小时。从大家发言，大致能感受到各部门的疑虑：

（1）担心组织大调整，伤筋动骨。万一不成功，影响主营业务，损伤营收根基。

（2）担心数字化伤及自己部门利益。以往，渠道销售是公司的主力、增收的核心，而如今，有可能变为众多渠道中的一个"数字化触点",地位下降。还可能要受制于未来"数字化部门"的管理。如果"数字化转型"仅仅定位于一个"卖货渠道",那么传统部门就不会受影响,大家平起平坐,有话好说。

(3)担心IT系统的重构,对原有系统结构做较大调整,"劳民伤财"。

(4)担心经销商不可控。经销商有自己的小算盘,不会跟随公司转型的步法,数据的回流更是难上加难。

……

面对大家的质疑声,王总觉得不知所措。

请你思考

转型方案的规划是一场"逻辑性与艺术性"的结合。"逻辑性"要求规划的过程与结论逻辑严密;而"艺术性"要求说服对方于无形中,让他们容易听懂,乐于接受,心甘情愿去执行。那么,请你思考:

1. 这次转型规划过程哪里做得不对?
2. 用什么方式可以促成"容易听懂、乐于接受"呢?

第二节 解读:闭门规划的弊端

一、规划是预判未来,而未来不可预知

《战略规划的高效工具与方法》中提到,规划通常基于假设:"只要有足够多的数据和研究资料,未来就是可以预测的。"然而VUCA时代,万物变化无常和复杂,太多的"因"决定果,而且"因"

之间相互关联，快速变化，所以带来的"果"也未必准确。当计划成为过去经验的投影后，规划也就成了模仿和重复，而非创造性的解决方案。数字时代，随着市场变化的加剧，这些规划的寿命和预测的有效性都会变得越来越短。与立派公司一样，数字时代的企业规划过程，基于调研为基础展开，预测的时效性和有效性都受到时代的挑战。

二、错误地将规划视为结果，而非过程

很多企业将规划当作长期发展的指南，认为一次规划能指导未来很长一段时间的行动。然而，数字时代的动荡特征，已经让它变得失效。规划不再是一劳永逸的事情。这样的规划既不会反映环境持续变化的速度，也不会反映团队在变化中快速工作与学习的过程。在变化中，规划很快就过时，逐渐脱离社会与市场的主流意见。规划只有快速试错与迭代，才能适应环境快速变化的本质。就如案例中的立派公司，大家提出质疑声音的理解前提是：市场部王总给出的规划是一次性的，日后难以更改的。如果王总在会前先与大家进行沟通，告诉大家规划只是一个假设过程，是需要检验的，尤其是数字化的业务场景，需要先找门店做测试，边做边调。毕竟，谁都不可能做出一份完美的规划，就算是完美的，也难以经得起环境变化的检验。这样，大家的反对声音就不会如此强烈，方案的推动也会顺利些。

三、闭门规划，带来认知偏见

人们所想的，往往都是假设而不是真相；人们习惯于通过自己的思维模式来看待问题、解决问题，而我们每个人的心智认知都是

不完备的。我们来看看下面这张图 4-1，请问你看到了什么？

图 4-1　经验认知偏见

你可能说，你看到了一个正方体。但事实真是正方体吗？为什么不是 8 个里面嵌入白线箭头的圆形呢？你能看成是立方体，是因为你过去对立方体的形状有经验、认知，但如果你以前从没见过立方体，没有基础认知，那么，你肯定是不会联想到立方体形状的。所以，人们当下的决策或看待问题的方式都是基于过去的经验与学习。

人们能接收的信息永远不是全面，又总是在信息不全面时依靠经验做出判断。闭门规划也是如此。方案制定者总是根据自身的经验与认知来制订规划，方案不够全面，也难以产生新的建议。他们在职责范围内做出规划，对职责外的关联部门的观点与意见考虑不足。就像立派的王总，虽然收集了各个部门以及经销商意见，但在方案创新阶段却是闭门造车，因为缺少相关人的参与，也就缺少全面的视角，导致大家对方案的质疑。另外，企业文化、工作流程与习惯，使得方案制定团队的思维与行动模式过于一致，团队习惯用旧模式来思考新的问题，难以跳出原有框架，也会使得方案难有创新性。

四、规划过程缺少执行者的参与

员工都习惯于服从管理人员的指示,但如果把他们排除在决策之外,他们就缺少使命感,缺少项目背景知识与决策判断的能力。研究表明:能够让员工有效执行转型方案的手段就是让他们参与到方案规划与决策过程中来。让员工参与会显示出企业对员工的重视与尊重。尤其是数字时代,每个年轻的员工都被大量信息与数字工具赋能,他们有独立人格、独立的事物判断精神与意愿,这就更加显示出邀请他们参与决策的必要性。前面强调了规划是过程不是结果,说的是规划不能一蹴而就,而需要在变化中试错与迭代,这里还有另一种理解:规划过程中的热烈争论、通力合作和广泛参与能够让每一位参与的员工达成方案的共同理解,并且未来能够全身心投入。这种"共同理解"也是企业所亟须的。在案例中,立派公司的王总并没有让未来负责项目执行的员工或者员工代表参与。所以,可以预见,方案在未来执行中将会遇到很大阻力,大家会找到各种理由来说明方案的难以执行。

五、传统组织的边界依旧明显,创新规划受到排斥

在王总的方案汇报中,多次提到"赋能"概念,也就是管理层向终端门店、经销商赋能,是B2K2C模式的特征。赋能意味着能力、权利、利益的转移,对传统利益结构的调整,势必会受到管理人员的抵制。《无边界组织》中讲道:工业时代组织的成功依靠的是规模、角色的清晰性、职能的专业化、组织层级控制,而数字时代组织的成功依靠速度、灵活性、整合与创新。让组织运作更快的方法,就是解放下属,让他们放开手脚,想跑多快就跑多快,要给

他们独立自主的权利并扩大他们的职责。管理层需要向员工转移自己"垄断"的资源，包括信息、能力、权利与报酬。管理层将会面临"失去"的威胁。这里不仅仅是失去权利，而且还可能失去职位。职能型的专家害怕失去自己的技术优势；依靠信息独享、权利专属优势的管理者害怕失去存在感和安全感；从管理角色向支持角色的转型，失去了以往被尊重、被拥护的待遇。因此，立派公司王总的汇报方案被大家广泛质疑，与其说是因为缺少参与、考虑不全面，不如说是方案涉及组织结构的调整，给现场的管理层带来职位威胁。

第三节　应对一：群体共创，场景规划

在VUCA时代，企业需要持续变革，打破旧有逻辑来适应变化，在工作场景中应用"群体共创"是最符合这个时代的管理和沟通方式。它可以激发团队共担、共创，围绕共创的目标，借助共创的方法、流程与工具，发挥每个人最大的能量创造变革的最优方案。"群体共创"是让企业持续保持创新的源泉。

"群体共创"是群体学习的一种方式，通过学习为公司带来创新，改变公司的群体行为。"群体共创"作为学习方式，从何而来，与其他学习方式有哪些不同，有什么价值呢？

一、个体改变的3种主张

（一）行为主义，提升技能

"行为主义"的核心是"刺激—反应"理论，适用某些技能型学习的场所。通过不断对学员刺激强化，以增强学习者的反应。就

像训练老虎钻火圈，钻过去了就给吃的，钻不过去就没吃的，长期训练，老虎就学会了钻火圈。这种教育学习，不研究人的思维过程或大脑对信息的加工处理过程，把大脑当作一个黑盒子，要让学员产生某种行为，就用相应的外部刺激，反复强化，直到形成某种固定的"刺激—反应"模式，学习过程就完成了，所以这叫作"行为主义"。所以，"行为主义"适合技能性的学习，不适合数字化转型下的变革创新。

（二）认知主义，补充知识

认知主义相较行为主义，是承认大脑有其结构性。人们对外界的认知和信息接收是需要经过处理的，且幼年人与成年人对信息的接收、理解、存储及提取都会有不同。于是，学习过程需要将知识进行结构化分类，然后按照学员接收知识的规律进行培训学习。在"认知主义"模式下，学习者的大脑就像一个存放知识的框子，老师只要把知识分门别类、结构化之后，放入大脑框子即可。我们从小学、初中、高中，学习各种门类的知识，就是使用了这个方法。但它的不足之处是忽略了人们的创造性与主观能动性。就像在本节的故事场景中，立派数字化转型的项目团队被动的接收数字化转型的各类知识，但仍然不知道如何转型，因为他们在学习过程中没有被充分调动主观能动性、创新力。显然，**"认知主义"式的学习，同样无法满足数字化转型下的变革创新。**

（三）构建主义，创新变革

"构建主义"由苏联心理学家维果茨基（Lev Semenovich Vygotsky）早在20世纪30年代提出，并于60年后被德国教育界

第四章 开展场景共创

率先使用，之后流行于欧美。它认为，每个人有独立的意识和价值观，老师只能给学生信息、场景和工具，学生需要借助自身已有的知识、经验产生认知。老师在这个过程中，核心不是知识传递而是引导学生，老师通过提供信息和场景、提出问题、引发讨论，进而让学生做出自己的决策，他充分调动了参与者的创造性和主观能动性。在本章故事中，立派公司的学习更需要结合自身情况，给出创新的变革方案，"构建主义"式的学习显得非常适用。为了方便大家理解，我们将其称作"群体共创"。它非常契合数字化转型对变革创新的要求，尤其是企业管理中最关心的体验创新、营销创新、管理创新。

这里，值得强调的是：基于"构建主义"的"群体共创"也是衔接"学习"与"行动"的桥梁，它前接知识导入性的学习环节，后接 IT 建设与试运行的行动环节，是跨越学习与行动鸿沟的关键步骤，如图 4-2 所示。

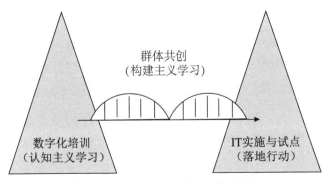

图 4-2 群体共创介于培训与行动之间

二、群体共创的基本假设

基于"构建主义"的"群体共创",其假设归纳如下:

(一)参与共创的个体,更有意愿落地执行

以前的方案执行往往都是某个部门闭门造车,没有参考其他人的意见。方案执行人被告知"你该怎么做,否则……"执行人缺少方案规划过程的参与,对方案存在理解偏差,因而执行的主观意愿较弱,甚至有抵触情绪。莱昂纳德·巴顿(Leonard Barton, 2000)把这个过程叫作"创新性摩擦",即大家对同一个问题有不同理解,则难以推动执行。"群体共创"过程中,大家共享自己的知识与理解能够达成问题共识,疏通了这种创新性摩擦,也有利于后续落地执行。

社会心理学先驱库尔特·勒温(Kurt Lewin)提出的"群体动力理论"对此也有说明。美国"大萧条"时期,勒温主导了一个著名的社会实验:改变饮食习惯实验。为了解决当时的食物不足问题,勒温在美国的家庭主妇中推广普及食用动物内脏。主妇们分为A、B两组,A组听演讲,找一些专家名人来讲解动物内脏怎么好;B是讨论组,由一个人引导大家讨论"动物内脏做什么菜肴好吃?"两组实验比照下来,主妇回去烹饪了动物内脏的比例,演讲组是3%,讨论组是32%。

勒温受此启发,提出了"群体动力理论"。该理论认为,一个人的行为,是个体内在需要和环境外力相互作用的结果。这里,列举两类场景:一种场景是通过演讲、培训,或不断重复,说服每一个个体改变具体的行为,就像上面的A组,每个家庭主妇都在那

第四章 开展场景共创

听专家汇报演讲；另一种场景是借助"群体动力论"，首先使个体所属的社会群体发生相应的变化，然后通过群体来改变个体行为，就像上面的 B 组，家庭主妇们在一个激烈的氛围里相互研讨，形成群体决策，通过群体决策来影响个体行为。后者改变个体行为的效果远远好于前者。反过来，**只要群体的观念不发生变化，个体就会更强烈地抵制外来的变化，个体的行为就不容易发生改变。**

关于群体改变个体的观点，《乌合之众》中以法国大革命为研究背景，探寻群体是如何影响个体的。感性、本能的情绪特别容易在群体中相互传染，个人的理性与冷静在进入群体后将毫无作用，群体中的个体无法察觉到这种情绪的变化，但外人也说不出原因。这种现象又被称为"群体性催眠"，通俗说是"被集体洗脑"。

回到本章案例中，立派公司的王总试图借助汇报，希望说服大家对转型方案的认同，遇到很大挑战，这就像前面所讲的专家做汇报演讲、说服美国家庭主妇食用动物内脏一样，效果不尽人意。如果借助"群体动力论"，王总仅做会议引导工作，将问题抛给大家，让大家参与研讨，那么更容易得出共识的结论，也更有利于与会人员的落地执行。

互联网时代，人们更愿意参与表达，参与价值的创造过程，参与者对自己参与制订的方案更有承担的意愿，并会对所做出的决定承担责任。那么，"群体共创"便是搭建项目相关人的参与平台，给予他们表达、发挥主观能动性的机会，方案成果有每个人的价值贡献。

（二）群体共创，可以帮助参与者知识扩容，更利于方案的创新

个体之间存在差异，来源于个体的生活经验、学习经验和工

作经验。对个体差异的激活与知识分享,能够让方案更加有创新性。

其中一个观点是,**"群体共创"能够让大家共享自己的知识,而大家知识共享后,结合个人经验,混合新旧知识,更有利于后续方案创新。**霍特豪斯(Holthouse)在 1998 年的《加利福尼亚管理评论》上发表的论文《知识搜索的若干问题》中提出,知识是一种"流量",共创式学习是在组织内部制造知识流的过程,能够将成员个体的知识(又叫"私有知识")转化为组织共有的"共享知识"。知识流越大,越能够帮助参与学习的成员扩容知识,达到不同个体间的知识同频。同频后的个体,结合各自原有的经验与知识,则更有利于创新,如图 4-3 所示。

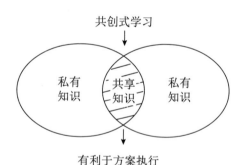

图 4-3 知识从私有到共享

另一个观点是,"轻松氛围下的聊天"能够促进方案的创新。在 20 世纪 80 年代日本产品席卷全球之时,继第一位亚洲管理大师大前研一(Kenichi Ohmae)之后,最让西方管理业界瞩目的后起之秀野中郁次郎(Ikujiro Nonaka)从日本企业的成功经验出发,强调 80 年代日本企业的成功并非只在生产技术和合作关系上,其实过人之处在于组织的知识创造能力。他陆续出版了《创造知识的方法论》《创造知识的企业》等 80 多部著作，被称作"知识创造理论之父"。他认为，企业的创新不是来自于按部就班地每分钟、每一天做计划性的事情，这样只会得到老套的产品，而是要让他们坐着聊天，追求异想天开的计划。可见，"聊天"的重要性，大家在一个轻松的共创学习空间里共享自己的思考和知识，利用一定的规则与机制激发频繁的交流与碰撞，进而形成方案的创新。"群体共创"便是这样一个过程。

（三）群体共创，可以比个体做出更好的决策

俗话说："三个臭皮匠，顶个诸葛亮"，群体共创，有利于集中不同知识经验的企业成员的聪明智慧，应对当前日益复杂的商业问题。通过引导企业成员的广泛参与，可以对决策性问题提出建设性意见，有利于在决策方案实施前，找到其中的利弊。同时，由于成员来自不同部门、从事不同工作、掌握不同的经验知识，可以互补，共创出更加令人满意的行动方案。

（四）模型工具让共创过程提效

模型工具是前人对各种商业发现的规律总结，其有效性也得到市场的充分验证。因此，群体共创要充分利用模型工具。比如，优化用户体验，可以借助"用户体验旅程图"工具；提升单个客户的收入产出，可以利用"AARRR"模型。

笔者曾经举办过某家居企业的新产品上市的共创会，帮助客户策划产品上市的方案。为了加快共创效率，笔者直接抛出了 4P 模型，即产品推广需要考虑的产品、价格、渠道、促销 4 个要素。于是，围绕这 4 个要素，共创人员开始一轮轮的研讨。模型工具能约束大

家的共创范围，不至于漫无边际地得不出想要的结果，同时模型工具能够将大家的碎片思考结构化得出创新方案。

但模型工具是基于某种限定条件下产生，是有一定限定性的。就像"AARRR"模型背后的假设是"不信任假设"与"客户需要教育假设"。如果，企业的产品是大众认知产品，则并不适用，如电视机的销售、生鲜水果的销售。模型只能给予思维启发与触动，但不能生搬硬套。

又如，大家都熟悉的"马斯洛需求层次"提到的人的生理需要、安全需要、社交需要、尊重的需要，以及自我实现的需要，并不能解释当下的各种"瘾"现象，例如用户每晚刷抖音，到凌晨1点才睡觉，这是哪一类需求？又如"双11"买买买，买了一堆家里实际不需要的商品，这些商品的根本购买动机又是哪一类需求？社会学学者郑也夫先生在其《后物欲时代的来临》一书中将其称作"刺激"类需求。诸如此类还有：沉迷游戏、赌博、食物癖、购物癖，甚至吸食毒品这类现象。有人认为这是"社交需求"，那么，一个人刷抖音、"双11"购物，如何是社交需求呢？这是一种"瘾"，是打发无聊、寻找刺激的需求，这些并不能用"马斯洛需求层次"模型来解释。因此，模型工具的使用有其限定性，不是真理，不能穷尽所有，它在企业"群体共创"过程中，只是触动创新、启发思维、收敛思维的工具与手段，但不是全部。

（五）相信个体是聪明的、智慧的

每个人都是聪明的、智慧的，其想法都有价值，且不论其职务高低。个体只需要加以引导，便能闪出耀眼火花。比如笔者在为一家企业讲解"直播带货"的原理和方法时，播放了2018年"双

11"很火的"马云和李佳琦直播PK卖口红"的视频,李佳琦大胜。并让大家思考:为什么马云直播带货不如李佳琦?回答正确的给予奖励。

大家凭借自己的经验和知识,快速地给出了答案,有关于颜值的、直播技巧的、带货技巧的,等等,大家给出的答案与结论高度吻合。然后,笔者又开始问:"那么,直播前、直播中、直播后,都需要注意哪些关键问题呢?"大家一番回答后,笔者再接着问:"如何让大家留在你的直播间,而不离开呢?"通过提问与研讨,群策群力,大家给出的答案能够覆盖正确的结论范围。

所以说,每个个体都是聪慧的,只是需要加以引导和刺激,便能激发智慧,产生认知和方案决策。

三、群体共创的两个阶段

正如前面所说,"构建主义"的关键是信息、场景、提问、研讨、决策。如果把大脑比作鞭炮的话,群体共创可分为两个阶段:

阶段一,知识导入:即"为鞭炮加火药",给予学员信息和场景的知识导入,将新旧知识混合。这个阶段是"认知主义"式的学习。

阶段二,引导共创:即"点燃鞭炮引线",利用引导技术,借助提问、研讨和决策,输出创新性的方案。这个阶段是"构建主义"式学习,如图4-4所示。

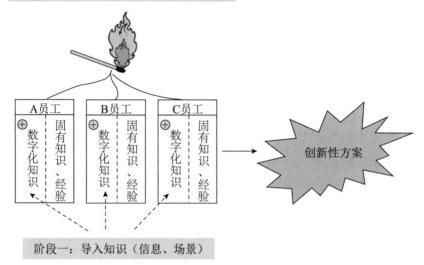

图 4-4 群体共创的两个阶段

本书第三章已经提前完成了阶段一的导入知识环节，也就是为企业成员大脑里"加火药"，包括思维、模式、场景，大家对数字化有了理解与共识。下一节将进入阶段二，即引导共创，群策群力，引爆出创新方案。

第四节 应对二：场景共创，方法、流程与工具

一、共创准备

（一）摸底调研，掌握转型期待

在群体共创前，项目团队要提前做好调研工作，做到胸有成

竹。因为正式共创的过程只是对调研结论的验证和修正，而不要误以为共创的起点是从共创现场开始，没有规则、没有模板地头脑风暴。笔者也曾经试过在项目共创现场开始调研，然后根据调研结果绘制场景，结果会议节奏无法控制，浪费大量的时间，半天没有成果。所以，项目现场才开始调研是非常大胆的行为，会让共创过程变得低效。

笔者也遇到过在转型项目开始前，公司"一把手"已经有了成熟想法。他一方面需要找数字专家帮他验证自己的想法；另一方面需要借助专家的嘴帮他说，帮他做内部调整。因为他自己说会显得说服力不够，或者过于专制，也不希望可能涉及的组织结构调整而得罪某些人的利益。于是请人帮他说。这种情况下，提前调研能够清楚知道公司"一把手"对数字化转型的真实想法，他的要求、观点和细节必须贯彻到转型项目中去。毕竟公司是他的，钱是他出，还有谁会比他更关心公司的发展呢？转型项目团队不能单纯为了做项目，还要考虑他的其他想法。所以，在某种程度上说，正式的共创过程也是把公司"一把手"的想法还原而已。

提前调研包含哪些内容呢？简单来说就是"理想很丰满、现实很骨感"，项目负责人需要找到理想蓝图与现实之间的差距。具体来说，就是需要理解公司数字化转型的战略、目标与路径，针对公司内部基础资源和能力、行业标杆、消费者进行调研，发现公司现状与目标之间的差距、公司现状与行业标杆之前的差距、公司现状与消费者预期之间的差距。

调研主要通过公司业务资料收集与关键人物的深度访谈进行。下面列举出相关调研提纲，供读者参考。

1. 收集公司业务资料

收集公司基础资料，方便项目团队能够深刻理解公司战略、业务现状与问题以及 IT 系统的基本情况。资料的收集范围如表 4-1 所示，如果资料涉及敏感问题，可以进行"脱敏"后再提交。

表 4-1 业务资料收集参考

资料类型	资料名称	收集原因
战略解读	公司的战略规划	理解当前集团及公司战略，确保场景规划能够有效助力战略实现
业务理解类	集团及旗下分子公司组织架构	理解组织架构，确定后续落地方式及合适的深度访谈对象
	公司经营活动范围及规章制度	确认场景规划边界，确保设计合规
	公司年度业务总结	了解当前业务运作状况，便于有针对性地进行运营场景规划
	集团与分子公司的管控范围、绩效考核模式及 KPI 体系	了解现有业务导向，确保场景规划围绕核心战略导向和业务发展倡导的方向
	公司业务分类和经营明细	了解公司业务，确保数字场景能够覆盖公司业务范围
	旗下分子公司的介绍	了解各公司基本信息，以确保设计方案的可落地性
	渠道/终端的业务运作模式	了解现有业务运作与数字最佳实践的差距，便于后期的业务运营场景规划
	渠道/终端的意见反馈收集	了解当前业务运作状况，便于有针对性地进行运营场景规划
	消费者投诉与意见反馈	了解当前客户主要问题的反馈情况，便于有针对性地进行购物场景规划
	消费者调研报告	了解消费者的基本特征，便于界定目标客户，有针对性地进行购物场景规划
	总部业务分析报表样例	了解现有数据分析和业务运营维度，指导后续数据驱动运营的系统设计

续表

资料类型	资料名称	收集原因
业务理解类	总部向分子公司定期收集的报告样例	了解现有数据分析和业务运营维度,指导后续数据驱动运营的场景设计
	公司与渠道/终端所签合同样本	确认场景规划边界,确保设计合规
	公司与渠道/终端的交易结算业务流程	了解现有业务流程,以确定系统对于业务流程自动化的提升点和支撑点
	公司对渠道/终端的管控范围及管理细则	了解日常的渠道管理范围,为渠道管理场景的绘制提供信息
	公司对渠道/终端的收费原则	基于终端的收入模式,估算数字化投入能够带来的收益产出
IT系统类	公司现有系统功能清单、技术说明书、数据样表	了解系统现状,便于制定新系统与旧系统的集成关系与网络结构
	渠道/终端使用自有系统介绍及比例	了解系统现状,便于制定新系统与旧系统的集成关系与网络结构

2. 深度访谈

深度访谈围绕公司高层、中层、渠道终端、消费者进行。访谈内容包括:公司与部门现状、行业与竞争现状、业务期待与举措、项目期待和要求四个方面进行。根据笔者的咨询经历,对于"项目期待"的调研非常重要,可以有效约束项目范围,避免项目执行过程中偏离,同时,大家提供的举措建议也能在项目方案中进行还原呈现,避免"闭门造车",大家针对自己的提议举措也更加有执行动力。下面列举访谈中可能会涉及的相关问题。

(1)公司管理高层人员访谈,如表4-2所示。

表 4-2　高管调研问题参考

分　类	调　研　问　题
公司现状	公司目前发展情况如何？
	目前，我们的竞争对手有哪些？它们的份额如何？
	我们的优势和资源有哪些？
	你认为公司目前经营的短板在哪里？
	公司各个渠道的销售占比如何？哪些销售渠道是我们要加强的呢？
行业/竞争现状	同行或竞争对手，在促进业务增收方面，哪些举措是值得我们学习的呢？
	你所理解的数字化企业，应该是怎样的？
	根据你的了解，在数字应用领域，公司所在行业，都有哪些创新的做法？
	根据你的了解，竞争对手在实施"数字化"方面做得如何？
	你觉得行业内/外，有哪些数字化标杆是值得学习的呢？
业务期待与举措	本次数字化项目的目标是什么？
	如果我们来到5年后，公司成功数字化转型，那时候会是一种怎样的场景？
	你认为，公司要想实现这一成功的场景，成功的关键要素有哪些？
	我们现在具备这些成功要素吗？哪几个需要我们着重解决呢？
	你觉得我们要实现这几个成功要素，需要采取哪些举措？
项目期待和要求	你希望本次数字化转型项目，能帮助你解决什么问题呢？
	你建议项目团队怎么做，帮助你解决这些问题呢？
	你还想着重了解哪几个行业内/外的标杆呢？
	本次项目，你还有哪些其他要求呢？

（2）公司业务部门访谈，如表4-3所示。

第四章 开展场景共创

表 4-3 业务部门调研问题参考

分 类	调 研 问 题
部门现状	请介绍一下贵部门的主要职责、人员基本情况、职责分工
	当前,贵部门主要的 KPI 是什么?
	今年,贵部门都开展了哪些工作?
	在接下来 1~2 年里,部门的工作重点与难点是什么?
	贵部门有哪些业务合作伙伴?(如 KOL、KOC、广告联盟、门户、线下……)
	你觉得,我们目前的优势和短板有哪些?
行业/竞争现状	同行或竞争对手,在促进业务增收方面,哪些举措是值得我们学习的呢?
	你所理解的业务数字化,应该是怎样的?
	同行或竞争对手,在业务数字化方面做得如何?哪些方面值得学习呢?
	在业务数字化方面,有哪些标杆是值得学习的呢?
业务期待与举措	如果我们来到 5 年后,贵部门成功开展了数字化工作,那会是怎样的场景?
	你觉得,这样的场景下,我们需要做对哪些关键工作?
	我们还有哪些问题需要解决呢?
	如果要解决这些问题,我们接下来要采取哪些举措呢?
IT 系统	平时,我们部门会应用哪些 IT 系统呢?这些系统都有哪些功能?
	在业务数字场景下,系统还可以做哪些改进呢?
项目期待和要求	你希望本次数字化转型项目,能帮助您解决什么问题呢?
	你建议项目团队怎么做,帮助你解决这些问题呢?
	你还想着重了解哪几个行业内/外的标杆呢?
	本次项目,你还有哪些其他要求呢?

(3)渠道终端访谈,如表 4-4 所示。

表 4-4 渠道调研问题参考

分 类	调 研 问 题
终端现状	请介绍一下我们门店的人员基本情况、职责分工
	当前，我们门店的主要 KPI 是什么？
	日常，我们门店都有哪些营运工作？
	在接下来 1~2 年里，我们门店的工作重点与难点是什么？
	你觉得，我们门店的的优势和短板有哪些？
行业/竞争现状	如果与同行比较，它们在打造数字化门店方面,哪些举措值得学习呢？
	就你所了解的,当前的门店数字化运营，还有哪些新思维、新方法呢？
业务期待与举措	新零售这几年是热点，你所理解的新零售是怎样的呢？
	如果总部给你充分授权,让你为门店增收,你觉得可以做哪些工作？
	如果我们开展这些工作，你觉得会存在哪些阻碍呢？
IT 系统	平时，我们门店都会应用到哪些系统呢？
	你觉得，这套系统还可以做哪些改进呢？
项目期待和要求	你希望本次数字化转型项目，能帮助你解决什么问题呢？
	你建议项目团队怎么做，帮助你解决这些问题呢？
	你还想着重了解哪几个行业内/外的标杆呢？
	本次项目，你还有哪些其他要求呢？

（4）消费者调研，如表 4-5 所示。

表 4-5 消费者调研问题参考

分 类	调 研 问 题
购物情况	你平时通过哪些渠道购买我公司产品？
	能描述下你的购买路径吗？
	在购物过程中，遇到过哪些问题？
行业/竞争现状	在诸多的购买过程中，让你难以忘记的购买体验是怎样的？
	与最佳体验相比，我们还有哪些可以改进？

第四章 开展场景共创

续表

分 类	调 研 问 题
业务期待与举措	如果我们来到 5 年后,你获得了一种极致的购买体验,那会是怎样的场景?
	你觉得,这样的场景下,我们需要做对哪些关键工作?

(二)提前进行场景预言,只为"抛砖引玉"

完成摸底调研后,项目团队要对调研结果进行"场景预言"。针对调研结果,给出一份预先的判断,描述数字化可能会做成什么样,并且通过场景故事的形式向受众展现。

"场景预言"能够快速建立转型项目团队与转型相关人员(受到数字化转型影响的人)之间的认知连接与合作信任,快速呈现数字化转型给企业带来的结果,让转型相关人员有一个直观感受:"哦,原来是这样,确实和以前不一样。"长久以来,项目团队凭借自己的专业性,喜欢用专业的术语、专业的产品与服务介绍数字化转型过程,自说自话,不顾及其他转型相关人员的感受。转型相关人员缺乏数字化的专业性,既听不懂项目团队在讲什么,也不太关注实施的数字化过程、实施过程使用的产品与方法,他们更加想要知道数字化的结果,最终能为企业带来哪些变化。于是,在专业的数字化讲解与受众想要看到的结果之间始终存在一道鸿沟,而"场景预言"正是帮助转型相关人员建立初步的数字认知,填补认知鸿沟的重要工具。

"场景预言"还能为后续的共创过程打基础、提高效率。试想,在正式的共创过程中,一种方式是从白纸开始绘制场景;另一种方式是提出场景的预先判断,可视地、生动地向大家展现场景假设,哪一种的研讨效率更高呢？答案肯定是后者。平日里，大家都很忙，参会时间有限，不可能从头陪着项目团队绘制场景，再说他们也不懂怎么绘制。场景预言提供了一种基础假设，一种参考模板，转型相关人员可以在此基础上大胆质疑、挑战，并给出合理化建议。**因此，在开始群体共创之前，项目团队需要根据调研结果给出场景的初步判断。**需要强调的是，该阶段只是建议，是仅凭个人经验与理想主义设计出的场景，可能存在偏颇，甚至难以落地，但却能作为共创环节的重要素材，引导大家快速进入共创状态，并以此为蓝本，提出更加合理化建议。

2018年，笔者参与了国内某大型机场的数字化转型项目，负责"智慧商业"板块。在项目的初步沟通阶段，为了快速让客户理解数字化能带来的结果，项目团队选取某旅客购票环节、到达出发机场、到达抵达机场3个场景进行预言。包含了用户画像信息（简单描述姓名、性别、职业、家庭、航班信息、出行目的），用户的具体事件任务信息，场景预言信息，如图4-5所示。

场景预言：
- 结合路况提示机场抵达路线
- 送机出行服务预订
- 起降目的地天气提示
- 出行行李/安全/时间安排相关提示
- 结合出行目的和时令推荐产品（如本地特产/商务礼品/旅游出行套装/出行备忘包/家人礼物、目的地建议携带商品/急需品等），跳转到电商平台下单，出发机场取货、抵达机场取货、送货到指定地址

第四章 开展场景共创

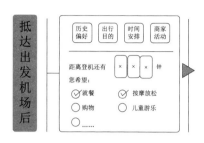

场景预言：
- 自驾乘客智慧停车
- 抵达签到领积分
- Wi-Fi 登录页面营销，机场行程、吃喝、购物、游乐、休息一键规划，折扣推送
- 机场内导航
- 刷脸支付、AR 试妆与体验
- 登机提醒

场景预言：
- 机场内餐饮推荐、酒店代预订
- 多方式出行服务推荐（接机、共享出行接入、公共交通直接购票）
- 落地购物、已购商品取货
- 出行目的地相关信息、内容服务推荐
- 社群互动（城市群、机票促销群、商旅群、背包客群等）

图 4-5 机场用户场景预言

（三）确定与会人员

数字化转型工作涉及多个相关部门联动，涵盖业务口相关人员、IT 实施接口人员、合作渠道方、消费者、数字顾问。从会议效果上看，总人数控制在 8~15 人为最佳。在互动过程中，人太少难以收集到全面观点；人太多，则每个人表达观点的时间不够，讨论难以有深度。并且大家平日里很忙，召集太多人也不容易。但是，在与会人员中，项目牵头团队、市场负责人、推广运营负责人、渠道负责人、IT 接口人是必选项，他们是项目未来落地实施的直接对象。数字顾问、合作渠道代表、消费者代表是可选项，有则更好，根据实际情况进行邀请。表 4-6 介绍了与会人员的岗位、人数、会

议角色与职能。

表 4-6 共创人员介绍

界面	岗位	人员	会议角色	职能内容
专家	数字顾问	1人	培训	导入转型框架、业务知识、标杆实践，达成目标主题的共识
			咨询	收集、厘清、判断、甄别共创意见，并做结构化收敛与意见优化
			教练	确定会议问题、借助解决框架与最佳实践启发与会人员，抛出问题，收集建议
企业方	项目团队	1~2人	会议主持	负责整个会议的流程控制，开场破冰、中间热场，建立高注意力的场域
			会议运营	负责与会人员的到会通知、出行接待、会场的布置、共创工具的准备
			会议记录	记录与会人员的发言、建议、观点以及专家顾问的陈述和总结
	市场负责人	1人	会议参与	参与会议，根据数字顾问的引导与提问，给出创新的想法
	推广运营（活动/会员/数据分析）	1~3人		
	渠道负责人	1~2人		
	产品经理	1~2人		
	IT接口人	1~2人		
合作渠道	传统渠道代表	1人		
	数字渠道代表	1人		
消费者	消费者代表	1~2人		

在以上角色中，要求比较高的是"数字顾问"。他同时承担着培训、咨询与教练的角色，是整个群体共创的"中枢"。他需要统一共创人员的共识，让大家知道公司现状与目标之间的差距，进而找到真正的问题所在。他需要通过引导技术，激发大家给出问题的创新性建议，并对创新建议的价值有效性进行甄别，对有效建议进行结构化梳理，最终找到问题的真正答案。"数字顾问"的选择，可以是培训老师、咨询公司顾问，或者 IT 公司的顾问团队。但由于"数字顾问"的角色要求比较高，需要在数字化方面有多年实战经验，同时懂得培训、咨询与教练的多个角色应用，因此这类跨界人才就显得比较稀缺。但好在各界已经开始关注"共创"模式，也出现了诸多数字共创类人才。比如培训界从事数字化转型落地方案课程的专家老师；咨询界掌握引导技术的引导师；IT 界掌握共创技术的"业务架构师"（业务架构师是介于销售顾问与 IT 实施的中间环节，他们从客户业务视角出发，协助规划数字化方案，并对接 IT 人员实施）。这些新角色一定层面上能够缓解"数字顾问"稀缺的问题。如果企业实在联系不到这类"数字顾问"，可由项目执行的牵头人来负责，在会议中扮演教练、咨询师和培训师角色，然后按照本书后面的共创方法一步步实施，边学习边实践。

（四）确定会议议程

会议议程建议以 2 天 1 晚为最佳，共 5 个时间模块。1 天太少，无法深入讨论，而 3 天可能会影响参与人员的日常工作，大家会有抵触情绪，带着情绪讨论，也不会有最优结果。2 天时间里，第一天上午为大家介绍整个共创会议的安排以及导入相关的知识和案例，是共创过程的"加火药阶段"，混合大家的新旧知识，实现知识"同频"。这部分建议提前做,设立 1~2 天的培训专场,效果更佳。另外,剩余 4 个时间模块,是"引爆阶段",实现"场景共创"。可以参考的场景包括用户体验场景、数字运营场景、终端赋能场景、管理决策场景。2 天的安排如表 4-7 所示。

表 4-7 共创会议程安排

	时间	事项	内容	负责人
第一天	9:00~9:10	会议介绍	介绍本次共创目标、共创流程安排、注意事项	主持人
	9:10~9:15	分组	根据人数,4~6 人 1 组,3~5 组,选定组长	主持人
	9:15~12:00	导入数字知识	讲解数字化转型的背景、数字的思维、数字化的场景、数字化的成功案例(此部分建议提前做,设立培训 1~2 天专场,效果更佳)	数字顾问
	13:45~17:00	用户体验场景共创	讲解全流程体验优化知识体系,及标杆案例的做法。共创优化用户体验,并描绘 IT 蓝图	全体
	18:30~21:30	用户运营场景共创	讲解用户运营知识体系及标杆案例的做法。共创用户运营的关键举措,并描绘 IT 蓝图	全体
第二天	9:00~12:00	终端赋能场景共创	讲解渠道/终端赋能的知识体系,及标杆案例的做法。共创终端赋能的关键举措,并描绘 IT 蓝图	全体
	13:45~17:00	管理决策场景共创	讲解大数据决策的知识体系,及标杆案例的做法。共创实现智慧决策的关键举措,并描绘 IT 蓝图	全体

以上时间安排非常紧凑,要保持如此高效共创,必须提前做好"场景预言",事先规划好各模块的场景。大家在场景模板上做共

创能大幅提高效率。

(五) 物料准备

在会议现场，需要提供大家研讨、呈现观点的相关物料，以及数字顾问做培训分享的电子设备，如表4-8所示。

表4-8 共创会物料清单

物 料		数量	作 用
A4纸		5张/人	用于个人独立思考，整理创意观点
黏性便笺纸		1本/人	用于提交个人观点，一张便笺纸写一个观点
A1纸		20张	用于将个人观点集体呈现，方便集体研讨
投票贴		2包	用于集体投票，与会人员将有限的投票贴，投给自己认可的观点
大白板		1块	用于数字顾问为大家培训书写，也作为观点集体公示的"背景墙"

续表

物料		数量	作用
白板笔		蓝、黑、红笔各1盒	白板书写、A1纸书写
大铁夹		3个	展示观点时候，将A1纸固定在大白板上
电子设备	笔记本电脑、投影、音频、视频、网络、翻页笔	1套	数字顾问培训分享使用的装备
其他	透明胶、双面胶	各1卷	会议备用

二、共创过程

好的共创有明确的目标、体系化的流程，能够促进与会的每个人员贡献智慧，并在数字顾问的指导下给出有用的方案。企业每天都有大大小小的不同会议，大多会议是老板或者是某些爱表达意见人士的"一言堂"，很多人都在"打酱油"，很多会议让人觉得无聊、无用，只是浪费大家时间。这个过程是因为没有控制好整个会议的流程。那么，场景共创会议的特点和流程是什么呢？

这里，用一个"双菱形模型"来描述整个共创过程，分为两个阶段和五个步骤，如图4-6所示。

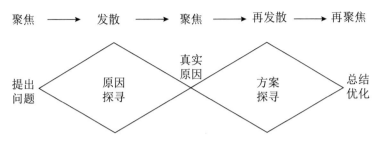

图 4-6 共创会的双菱形模式

模型的两个阶段,分别对应两个菱形。第一阶段为问题探寻,找到问题背后的真正原因。往往一个现象背后是由很多问题导致,有些是"真"问题,有些是"伪"问题,这个阶段就是去伪求真。如公司最近差评比较多,你说是产品质量引起的,但实际上是某个前台服务人员的态度比较差,或者物流送货太慢引起的。第二阶段便是针对问题给出解决方案。这个过程就像"对症下药"的过程,第一部分就是找出症状的真实原因;第二部分是根据症状原因开出药方。

模型的五个步骤,经历着从聚焦、发散、聚焦、再发散再聚焦的过程。从聚焦一个问题,到发散找出问题背后的原因,再聚焦确定唯一的真实原因或者真实答案。下面,我们围绕数字化转型的话题,使用双菱形模型演绎整个共创过程。

(一)聚焦:明确一个问题

1. 聚焦一个问题,不要太大、太模糊

关于数字化转型的话题,项目团队不能将"如何数字化转型"作为共创的话题。因为,企业转型的问题错综复杂,问了等于没问。

如果让大家进行研讨，收集到的答案一定是五花八门、零零碎碎、维度不同的。这种又大又模糊的问题，既得不出共创结果，也会影响整个共创效率，甚至打击大家的共创信心。此时，项目团队需要将大问题进行"剥洋葱"，分解为小问题。任何大问题都是由小问题组成的。也就是项目团队需要明白成功的数字化转型是由哪些关键要素决定的，然后面向每个关键要素进行提问。那么，项目团队该如何"剥洋葱"呢？模型框架是发现问题的参照系，可以帮助与会人员一层层"剥洋葱"。

2. 框架为基，对大问题进行分解

"框架为基"就是基于框架将大问题分解为一个个小问题，然后将小问题作为研讨的对象。基本上，项目团队所面对的企业问题，已有成熟的商业模型可作为框架进行参考。如果没有模型参考，项目团队也可以从外界成功的商业实践和专家建议上找到蛛丝马迹。比如关于商业企业的数字化转型，本书提出"提升用户体验、重构用户运营、赋能终端运营、建立智慧决策"四个方面供企业参考。项目团队可以选择问题突出的、对企业增收贡献大的对象进行研讨。针对服务型企业，如出行服务、商业零售服务、娱乐服务，"提升用户体验"与"重构数字运营"是项目团队研讨的重点；针对依靠渠道终端分销的品牌制造企业，"重构数字运营"和"赋能终端运营"是研讨重点；针对一家大型的商业集团，四个方面都需要研讨。

那么，项目团队是不是就可以将"用户体验存在哪些问题""用户运营存在哪些问题""终端运营存在哪些问题"作为研讨的对象呢？同样，根据问题不要太大、太模糊的原则，这些问题仍需要分解，否则容易导致不同理解。

比如针对"我们用户运营环节存在哪些问题"的问题进行优化，同样可以按照"框架为基"的原则再一次"剥洋葱"。前面介绍了"数字用户运营模型"，从获客、锁客、变现和留客提出了思考框架。于是，可以根据该框架的局部再次进行提问，比如对"提升客户流量是公司当下的重点，大家觉得我们在获客方面存在哪些问题呢？"这样问题的思路就清晰了很多。

3. 对问题中的抽象关键词，要有共同理解

太抽象、太空洞的关键词，如果没有共同理解，大家给出的答案一定是五花八门的。就比如"转型""获客""留客"这些词汇，每个人的理解都不同，如果大家不知道如何转型、如何获客，脑袋里没有方法知识、没有成功的商业案例，他们又如何能够发现自己公司的问题所在呢？因此，项目团队提出的问题，需要基于大家有共同的理解，有先进知识与案例的储备，也就是在提问前需要为与会人员导入培训，讲解与本问题相关的各种先进理念、方法论与成功案例。只有这样，大家才能发现自己公司当前存在的差距，找到公司目前的真实问题所在。比如，经历过用户运营知识点的培训之后，项目团队可以提问："好的，前面我们学习了用户运营要关注'获客''锁客''变现''留客'四个方面，那么，大家觉得我们当前的用户运营存在哪些问题呢？"大家研讨起来不会跑偏，精准且高效。

综上，模型框架就是项目团队发现问题的参照系，进而有针对性地提出待研讨的问题。

（二）发散：提出问题的可能原因

前面，项目团队聚焦了一个问题对象，接下来便是收集问题可能的答案,也就是找到问题产生的关键原因。整个收集的过程是"发散"的过程。很人多会觉得:"发散不就是头脑风暴吗?我们每次开会都要做头脑风暴啊,这个没什么难的。"是的,头脑风暴本身没什么难的。但是,会议的风暴过程,是不是调动了每个人的神经呢?会议过程能保证没有"打酱油"的吗?很多时候,总有些"混会"的人没有会议压力,认为:"不回答又没有惩罚,我怕什么呢?"这样的会议难以起到群策群力的效果。

而共创会的要求是:每次会后的每个人都感觉跑完了一次"脑力马拉松",一种被"虐脑"的感觉。该如何做呢?项目团队延续上面的提问环节,往下进行分为:贡献观点、呈现观点、结构化梳理观点、补充观点四个环节。

1. 贡献观点

项目团队问:"好的,前面我们学习了用户运营要关注'获客''锁客''变现''留客'四个方面。那么,大家觉得我们当前的用户运营存在哪些问题呢?请大家按照屏幕上的步骤进行研讨。"规则如下:

(1)每人在已经准备好的 A4 纸上写 5 个以上问题,成员独立思考,不要交流。(10 分钟)

(2)两两结对子,相互交流,相互整合、去掉重复观点,并研讨创新观点。(5 分钟)

(3)4~5 人为一组,以小组为单位,再次交流,整合创新观点,将观点写在便笺纸上,每张便笺纸写一条观点。(5 分钟)

以上做法,经过"提问—独自思考—两两交流—小组交流",可以深挖个人与群体的观点。

2. 呈现观点

这里值得注意的是：如果研讨人数超过 10 人，若每人一一呈现观点，则时间不够用，于是建议提前分组，4~5 人一组，以小组进行观点呈现；小组或个人呈现观点的方法是将便笺纸贴在大白板上，并对每个观点进行介绍，如图 4-7 所示。

图 4-7 观点呈现

3. 结构化梳理观点

项目团队对问题进行整理，去重，并结构化梳理，也就是"分门别类"。

（1）清洗过程，关键要区分哪些是问题、哪些是方案、哪些答非所问。因为大家在讨论后，往往将问题和措施分不清，明明问的是公司获客存在哪些问题，不知不觉就给出了获客的建议措施。这就需要项目团队能够加以区分。比如便笺纸上写着："公司要加强短视频与直播的投入。"这是措施，不是公司存在的问题。如果没有与该措施相关的问题存在，则将措施修改为问题，"公司对短视频与直播投入不足"，否则就从白板上拿掉。

（2）去重过程。区分哪些问题虽然表述方式不同，其实是同一类型，需要进行去重。比如"公司门店缺少社群运营，客户来了没锁住""公司门店有自己的社群,但没有精力维护,社群不活跃",其实这两个讲的是一件事情,拿掉其中一个。

(3)归属过程。需要区分哪些是"父类"与"子类"关系问题,留下"父类",备选"子类"。比如"公司缺少对直播和短视频的投入"与"公司在抖音上投入不足",因为直播和短视频包括了抖音、淘宝直播、京东直播、小红书等,可见后者是前者的"子类"问题,从白板上拿掉,留作备选。

(4)结构化过程。结构梳理按照"框架为基"原则。比如针对"如何用户运营",将问题观点放置于用户运营框架中,也就是分门别类于"获客""锁客""变现"与"留客"中,如图4-8所示。

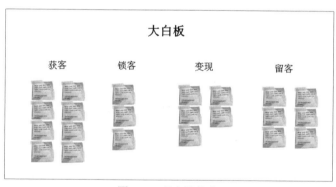

图 4-8 观点结构化

4. 补充观点

结构化的观点清晰呈现在大家面前,此时,进入"补充环节"。项目团队可以进一步提问:"大家对这些观点,还有补充吗?"鼓励大家思考,避免遗漏。

另外,关键是,项目团队需要凭借自己的专业经验补充遗漏的观点。补充后的观点,呈现如图4-9所示。

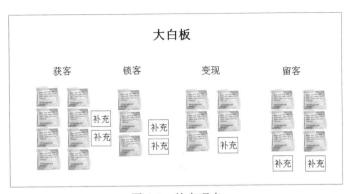

图 4-9 补充观点

在共创过程中,如果有条件,准备一些奖品,通过积分制形式,鼓励小组或者个人之间 PK,对积极参与研讨、观点被采纳的小组或个人给予奖励,这样能让研讨过程有趣好玩,促进大家思考。

(三)聚焦:寻找问题的真实原因

为了找到问题背后的真实原因,去伪求真,可以采用辩论、投票或者评分方式进行。这又是一轮"虐脑"过程,在别人发言的时候,每个人都没法闲下来。

1. 辩论方式

真理越辩越明,鼓励小组或个人之间进行辩论。

方式 1:呈现前,提前指定"质疑方"。如果每个人或每个组编号 A、B、C……那么,当 A 发言时,项目团队可以提前安排 B 和 C 做评论方,要求他们每人或每组仔细听 A 的发言,并准备 3~5 条质疑的评论:"下面请 A 上台呈现你的问题观点,请 B 和 C 思考,A 发现的问题里,哪些是真实的亟待解决的问题,对此你表示认同,哪些并非是问题的实质,眼下并不需要亟待解决,对此你并不认同。"于是，当 A 发言，被指定的 B 和 C 迫于要发言的压力，会仔细听台上呈现的观点，整个过程大家无时无刻不在思考。依次类推，现场每个人或者每个组都有机会发言和评论，每个人都需要参与、贡献自己的智慧。

方式 2：呈现后，抽签决定"质疑方"。方式 1 提前指定"质疑方"的方式，仍然会存在部分人员趁在"无关自己"的时间空隙"打酱油"。于是可以采用更极端的"抽签"方式进行。也就是在 A 上台呈现完观点后，抽签决定谁来质疑。因为担心自己被抽到，每个人都会仔细听 A 的发言，并思考发言存在的不足之处。你可能觉得这种方式是负面激励，太"虐脑"、太无情，如果点评不好，多丢人啊！能否用奖励的方式呢？由大家自愿举手发言，进行点评。是的，没错，但试过之后，你会发现，发言的总是那么几个人，仍然会导致大多数人"打酱油"。

方式 3：将方式 1 或方式 2 的负激励方式，与正向激励相结合。毕竟，方式 1 和方式 2 只能指定有限人员来质疑，不足以找到问题的关键，这时可以鼓励其他人进行发言。比如，当质疑方完成发言后。项目团队的人可以说："感谢你提出的质疑观点，那么谁还有不同的质疑观点，我们将给予 200 积分奖励。"

2. 投票方式

经历了上面的辩论阶段，问题越辩越清，每个人心中都有了自己的问题界定。这时候，项目团队可以为每个人分配有限的投票数，用民主投票的方式，选择眼下亟待解决的问题。关于票数分配，可以按照 3/10 原则，也就是假如有 10 个问题，每人就有 3 票，可以投给他所认为的最重要的 3 个问题。数字顾问可以对大家说："大家桌面都有投票贴，每人投 3 票。请大家到前台白板处，选择你所认为最重要的 3 个问题,将投票贴粘到对应问题的便笺纸上。"如图 4-10 所示。

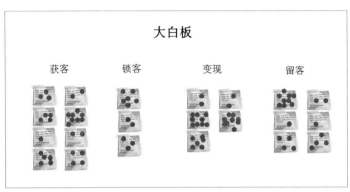

图 4-10 观点投票

根据大家的民主投票,对投票数量进行排序。此时可以清楚看到在大家心目中,哪些问题是亟待解决的。下一轮,将围绕这些关键问题,发散研讨,给出解决方案。

3. 多维评分方式

在投票方式中,每个人对问题的"亟待解决性"有不同认知维度,会影响到投票结果的准确性,因此,多维评分就显得很有必要。项目团队可以邀请每个共创人员对问题从不同维度进行评分,从不认同到极其认同给予 1~5 分,最后按照总得分排序,找准目标问题。这里可以包括四个关键维度。

(1)很重要,即如果不解决这个问题会造成极大的痛苦吗?

(2)很具体,即这个问题描述得够具体吗?

(3)很普遍,即这个问题经常出现,或者面向人群很广泛吗?

(3)可观收益,即解决这个问题,能为公司带来很大收益吗?

如表 4-9 所示。

表 4-9　多维评分表

问题	很重要	很具体	很普遍	可观收益	总评分
1.……					
2.……					
3.……					

（四）再发散：方案探寻

方案探寻的方法原理与"发散：提出问题的可能原因"步骤是一样的。按照"提问—贡献观点—观点呈现—结构化梳理—补充观点"流程进行。其中的技巧，在前面都有清晰的介绍。技巧很容易掌握，多加练习即可。但是，真正的挑战在于"结构化梳理"环节，项目团队需要对各种方案观点进行"清洗、去重、归属以及结构化"处理。这个过程要求项目团队有清晰的逻辑，能够识别各种碎片观点的逻辑关系，也要求项目团队具备大量的框架模型的储备，在面对各种看似没有关系的碎片观点的时候，能够随时调用大脑中的框架模型进行结构化处理。如果项目团队平时没有积累，至少在开启共创之前要做好充分准备，提前估计到大家可能提出的观点，并准备相对应的模型。但实际的共创现场是多变的、难以预料的。不是平时的储备或者提前准备就一定能派上用场。笔者在辅导一些企业共创期间，也会遇到没有现成的框架可用的情况。笔者就现场制作框架模型，在众多碎片观点之间找到逻辑关联，并建立模型框架。这是长时间积累形成的一种能力。关于如何快速建模的问题，因为它不是本书重点就不再阐述，但关键是项目团队平时要有结构化思维与展现的习惯，包括说话方式、PPT 展现、Word 展现。经过长时间的学习与练习才能养成结构化能力。

（五）再聚焦：总结与决策

总结与决策，可以仿照"聚集：寻找问题原因"进行，也就是采用"辩论方式""投票方式"或者"评分方式"进行。但除此之外，"难易度与收益评估"模型也是不错的工具，该模型提供了一个实施路径的先后排序功能。就是针对每个方案观点，对实施的难易度与收益进行评估，然后根据所在区间选择实施顺序，如图4-11所示。

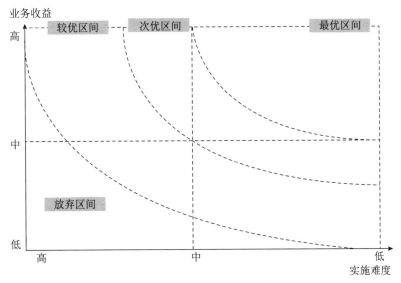

图4-11 难易度—收益度评估模型

图4-11中依次有以下区间。

最优区间：业务收益高，且实施难度较低，需要尽快实施。

次优区间：业务收益较高，但实施难度较高的，有条件时优先实施。

较优区间：业务收益相对较低，但实施难度也较低，延后实施。

放弃区间：剩下业务收益低，且实施难度大的，考虑放弃。

项目团队可以将各类观点放置于该模型中，确定观点的优先级，如图 4-12 所示。

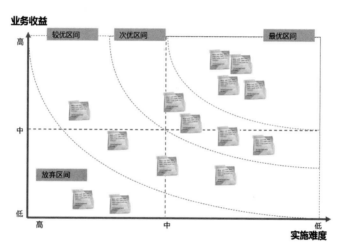

图 4-12　难易度—收益度评估结果

该模型依据定性评估，虽然并未量化，没有给出实施难易度与收益高低的量化标准，但通过大家的集体共创，也能给出一个大致优先路径，为决策提供参考依据。

综上，按照"双菱形模型"的 5 个步骤，经历了聚焦、发散、聚焦、再发散、再聚焦的过程循环，反复应用共创的技巧。可能有人会质疑"基于该模型的共创模式，是否真能促进数字化转型"。答案是肯定的，请不要忘记，数字化只是过程和手段，也是为了解决企业面临的各种问题的。如果没有解决问题的方案，何来数字化的实施手段呢？况且数字化过程也只是解决问题的必要非充分条件，还涉及公司的商业模式、流程再造、组织建设与变革、文化基因等多个方面。这个共创过程,帮助企业"抽象"出了一个业务方案。

此时,可能又有人问:"你为什么先'抽象'出一个业务方案,而不在一开始的时候,直接讨论数字化手段呢?比如向大家提问'我们的业务流程中哪些可以进行数字化改造',然后让大家按照共创过程进行研讨?"这里需要强调,如果过早"具象"到数字化手段,绝不是件好事,它会让项目团队遗漏大量关键信息,让项目团队"只见树木不见森林"。因为,数字化方案只是业务方案的支持条件之一。

那么,下一个阶段,项目团队便依托这个"抽象"的业务方案,抽离出其中的数字化分支,"具象"到数字化场景的绘制上来。而关于"抽象"业务方案中不可或缺的流程再造、组织建设等分支话题,就不在此进行讨论。

三、绘制场景

绘制场景就是把抽象的业务方案,以"故事化"的方式进行展现。当然,故事的主角是用户,讲述一个他在体验和运营过程中的故事。

(一)场景设计的五大要素

(1)发生对象:对场景故事中的关键用户进行画像。
(2)发生背景:场景发生的时间、地点描述。
(3)计划任务:用户在场景中希望完成的关键任务。
(4)任务冲突:在完成任务过程中遇到的阻碍、未能实现预期的地方。
(5)应对方案:提供解决任务冲突的数字化方案。

（二）场景设计关键

（1）故事化表现：借助"可视化、图形化、流程化"描述，让场景显得生动、易于理解、更有代入感。由于参与数字化转型的相关人员复杂，在业务设计阶段，场景化的设计能够帮助各类人员达成数字化决策的一致理解，同时，在数字化实施阶段，也能作为业务人员与IT人员的"接口语言"。

例1：围绕用户体验流程的数字应对

某商场针对28~35岁女性人群，进行购物流程的场景描述。从客户获知、进场、互动、选货、付款、提货等用户任务，提出场景设计方案，如图4-13所示。

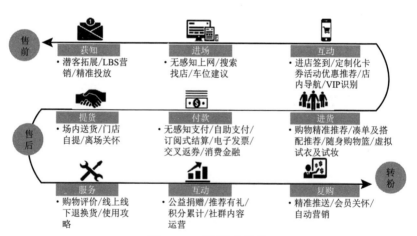

图4-13 商场购物场景

例2：门店导流运营场景

2020年，一家保健食品企业找到笔者。由于产品是新品牌，缺少市场认知，希望借助新零售方式打开市场销路。考虑到产品单价不高、毛利足够大且复购性强的特点，笔者为他们推荐了社交零售模式。笔者用一张图为他们描述营销场景，如图 4-15 所示。

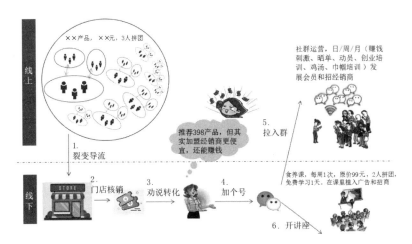

图 4-14　社交零售带货场景

图中，流程与图形的表现手法，优于纯文字描述和表格描述，用流程来模拟整个营销事件的进程，用图形配以文字来模拟进程中的角色、事件。这样的表现能够帮助共创人员更好地理解营销场景，并提出质疑与改进建议。

（2）**场景颗粒度由粗到细**：在共创现场，用户"计划任务"的颗粒度选择是根据共创时长来定的。如果仅有半天时间来设计数字化的用户体验流程，那么颗粒度也就只能选择到二级任务。以一级任务"购物"为例，二级任务是对"购物"的任务分解，包括"获知、进场、互动、选货、付款、提货"，而三级任务又是对二级任务的进一步分解。每个任务都会有"任务冲突"，也就是用户在完成任务过程中遇到的阻碍、未能实现预期的地方，这就需要给出数字化的应对方案，并以场景故事形式进行描述。那么，仅有半天时间是难以覆盖到三级任务的各种场景的。更何况，展开共创设计前，还需要占用时间导入数字化体验的相关知识，于是留给共创的时间是有限的。如果会议模块的时间从半天扩充到一天，那么就会宽裕很多。虽然共创时间不足，难以穷尽所有任务方案，但项目团队一旦完成了一级和二级任务的场景设计后，也基本八九不离十，会保证后续更细颗粒的三级、四级场景设计不会跑偏。于是，更细化的三级、四级任务可以在共创离场后单独完成。

四、某商业体场景共创实例

2019年，笔者参与了国内某高铁站的商业数字化转型项目，开展了为期两天的场景共创会议，围绕事先确定的"用户体验场景、用户运营场景、智慧决策场景"进行研讨。笔者作为项目的数字顾问，全程主导了整个共创过程。两天的议程安排，如表4-10所示。（因为保密约定问题，内容上做了一定改动）

表4-10　某商业场景共创会议举例

	时间	事项	内容	负责人
第一天	9:00~9:10	开营介绍	介绍本次共创目标、2天流程安排、注意事项	数字顾问
	9:10~9:15	分组	4~6人1组，3组	数字顾问
	10:15~12:00	用户体验场景优化	a.知识普及 讲解全流程体验优化知识体系，及标杆案例的做法 参考资料： （1）内部：《××公司战略解读》、《××公司数字化方针》、客户咨询和投诉、问卷 （2）外部：《××体验》标杆案例	数字顾问

第四章 开展场景共创

续表

时间		事项	内容	负责人
第一天	10:15~12:00	用户体验场景优化	b. 提出问题 问题1：结合前面讲述的消费体验知识，你觉得目前消费者进场消费存在哪些问题 问题2：我们可以通过哪些措施，改善这个问题？	数字顾问
			c. 发散研讨 1. 10分钟：每人在已经准备好的A4纸纸上写5~8条观点，组员独立思考，不要交流 2. 5分钟：组员两两结对子，相互交流，相互整合并去掉重复观点、创新新的观点 3. 5分钟：组长引导组员分别介绍自己的观点，大家一起探讨、创新新的观点 4. 5分钟：组长对大家的观点进行整合，去掉重复观点，最后形成10~15条观点。并写在便笺纸上，且每张纸只写一个措施	各小组
			d. 小组呈现 1. 各小组组长依次来到"研讨墙"前，呈现自己小组的观点 2. 数字顾问，征求其他小组对该观点的异议或质疑 3. 没有异议的观点，贴上研讨墙	各小组
			e. 结构梳理 根据用户行为的"时序逻辑"，对所有便笺纸进行分类整理，并且给每一个"时序"一个大类名称 ** 若发现大的模块遗漏，则补缺，并进入：c. 发散研讨	数字顾问

续表

时间	事项	内　　容	负责人
第一天 10:15~12:00	用户体验场景优化	f. 聚敛决策 全体每人 10 个投票点，选出最重要的观点，并将投票纸，贴在对应的便笺纸上	全体
		g. 总结优化 根据数字顾问自身的专业理解，提出优化观点	数字顾问
		h. 场景绘制 以流程为横轴，以人工、IT 业务能力为纵轴，定义业务动作，形成场景图	数字顾问
第一天 14:00~17:00	用户运营场景优化	a. 知识普及 讲解用户运营知识体系，及标杆案例的做法	数字顾问
		b. 提出问题 问题 1：围绕用户运营，我们在获客、锁客、变现与留客方面存在哪些问题？ 问题 2：针对关键问题，我们可以有哪些改善措施？	数字顾问
		c. 发散研讨 （同上"发散研讨"流程）	各小组
		d. 小组呈现 （同上"小组呈现"流程）	各小组
		e. 结构梳理 根据会员生命周期的管理逻辑，对所有便笺纸进行分类整理，并且给会员生命周期的营销动作一个大类名称。 如：导流、互动、交易、裂变、留存 ** 以运营框架为参照，若发现大的模块遗漏，则补缺，并进入：c. 发散研讨	数字顾问

第四章 开展场景共创

续表

时间		事项	内容	负责人
第一天	14:15~17:00	用户运营场景优化	f. 聚敛决策 同上"聚敛决策"流程	全体
			g. 总结优化 同上"总结优化"流程	数字顾问
			h. 场景绘制 以客户关系周期为横轴,以人工、IT业务能力为纵轴,定义业务动作,形成场景图	数字顾问
第二天	9:00~12:00	智慧决策场景优化	a. 知识普及 讲解数据分析与决策知识体系,及标杆案例的做法	数字顾问
			b. 提出问题 问题1:对标最佳的数据分析体系,我们存在哪些不足? 问题2:针对这些不足,我们可以有哪些改善措施?	数字顾问
			c. 发散研讨(25分钟) (同上"发散研讨"流程)	各小组
			d. 小组呈现 (同上"小组呈现"流程)	各小组
			e. 结构梳理 根据数据驱动的运营逻辑,对所有便笺纸进行分类整理。 **参照《××数据决策框架图》,若发现大的模块遗漏,则补缺,并进入:c. 发散研讨	数字顾问
			f. 聚敛决策 同上"聚敛决策"流程	全体
			g. 总结优化 同上"总结优化"流程	数字顾问
			h. 场景绘制 以人、货、场为分析对象,设计数据分析的应用场景	数字顾问

续表

时间		事项	内容	负责人
第二天	14:00~17:00	场景蓝图	场景蓝图的整体绘制优化	全体
		系统蓝图	根据IT需求,输出系统蓝图	

以下,以某高铁商业体为例,选定"用户体验场景优化"模块进行介绍。

第一步:选定某一类用户对象,并进行画像。如表 4-11 所示。

表 4-11　用户画像表

性别	男	职业	商务人士
年龄	32 岁	特征	爱看书、听音乐
场景	早上 8:00 的高铁,从武汉到北京 7:10 分到达高铁站,需要吃早点,车上 5 个小时,需要度过漫长无聊的时间		

第二步:使用"体验旅程与痛点"分析框架,进行"发散"研讨,收集观点。如表 4-12 所示。(以下框架在第三章中讲过)

表 4-12　用户问题描述表

体验旅程	用户问题描述		
	任务执行前 (不愿看到的问题)	任务执行中 (阻碍、拖延)	任务执行后 (错误风险、责任)
找吃的 (主动/被动)	没有适合自己口味的早餐	距离乘车口太远,没有足够时间,不想去 拖着行李,吃早点不方便。没有路径指引,怕跑冤枉路	错过高铁,耽误下午的会议

续表

体验旅程	用户问题描述		
	任务执行前 （不愿看到的问题）	任务执行中 （阻碍、拖延）	任务执行后 （错误风险、责任）
评估哪家适合自己 （比较/口碑）	比较了半天，要么太贵，要么不知道味道如何，不敢下决定	没有足够信息，帮助决策（是否贵？味道是否好？） 不相信店员的推销	
购买 （乐趣/方便）	就餐过程紧张，没有安全感。 要排队，效率低	增加了出行负担，物品太多 没发票，或需要邮递发票。 就餐地点离乘车口太远	错过乘车时间
就餐 （品质/便捷）	味道不好。 服务人员少，餐桌没人清理	发票等了半天，都没送来	
离开 （及时/无忧）	没有时间购买打发车上时间的书籍	乘车人多了起来，担心上不了车	行李遗忘

第三步：使用"多维评分方式"对问题重要性进行排序。如表 4-13 所示。

表 4-13 多维评分表

问题	很重要	很具体	很普遍	可观收益	总评分
担心没有适合自己口味的早餐	5	4	2	5	16
位置距离乘车口太远	5	3	5	4	17
吃早餐，担心错过高铁	5	3	4	3	15
拖着行李不方便就餐	2	4	5	1	12
就餐过程很紧张	2	2	4	2	10
没有时间购买打发车上时间的书籍	3	4	2	2	11
……					

根据评分结果,发现"担心没有适合自己口味早餐""位置距离乘车口太远"是主要问题。

第四步:对关键问题提出应对方案。

(1)问题标签卡,明确问题对象、产生原因、客户期望与外界标杆的解决方案,以某一关键问题为例,如表 4-14 所示。

表 4-14　问题标签卡示例

问题例证	担心没有适合自己口味的早餐
产生原因	不知道高铁站都有哪些餐饮服务,口味如何
客户期望	能够快速找到自己喜欢的口味餐饮,价格实惠
标杆特点	某机场商业:提供快速查阅指南、评价和在线点餐、导购

(2)利用"问题—应对"框架,进行"发散"研讨,收集方案观点。如表 4-15 所示。

表 4-15　应对方案表

造成问题的体验旅程描述	应对方案		
	人	物	IT 系统
打车到高铁站	机器人客服		人找货:微信小程序,提供就餐指引。支持:打包、取餐、送餐、开票服务 货找人:根据喜好,推荐就餐商家、品类
匆忙进入高铁站	前台导购人员	互动屏导购 宣传折页	
快速步伐寻找餐饮		AR 导航 无人行李托运车	微信小程序 支持:路径导航

第四章 开展场景共创

续表

造成问题的体验旅程描述	应对方案		
	人	物	IT 系统
评估 3 家以上		互动屏导购 支持：按口味和价格查询，以及对商家口味的评价	微信小程序 支持：按口味和价格查询，以及商家口味评价
选定 1 家就餐	现场已经打包好，直接领取。或者现场就餐。		根据客户时间，提供打包/送餐服务

第五步：场景绘制，提出 IT 需求。

（1）人找货，如图 4-15 所示。

图 4-15 人找货场景绘制

（2）货找人，如图 4-16 所示。

企业数字化转型指南：场景分析+IT实施+组织变革

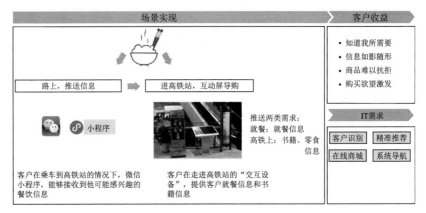

图 4-16　货找人场景绘制

综上，提供了项目团队开展场景共创的流程和方法。共创是理论与实践的结合过程，需要项目团队有较高的理论功底与实践经验。理论方面，项目团队需要在平时多收集结构化框架，帮助创新观点、提升共创效率。同时，项目团队也需要平时借助问题契机多利用共创方式解决，按照"双菱形"模型的流程步骤多练习。由于篇幅有限，难以穷尽所有共创技巧，还需要项目团队在实践中领悟学习。

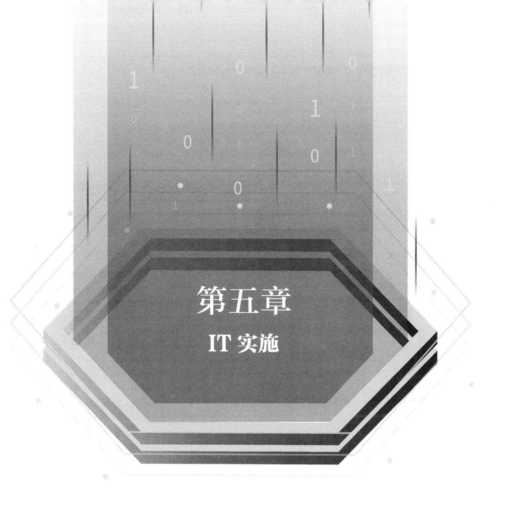

第五章
IT 实施

传统企业对 IT 开发的理解不足,缺少既懂 IT 又懂业务的复合型人才的公司团队让整个开发合作过程变得不可控,经常与开发方产生各种摩擦,最终影响了上线进度。企业需要一个合理的开发模式、对话机制与开发流程。本章将为企业提供一份开发指导手册,帮助企业减少开发摩擦,保障开发顺利执行。

第一节 故事-5 IT争执,到底是谁的责任?

一、难以打破的业务流程

两个月过去,市场部王总组织发起了共创会议5场,大小汇报6次,完成了最终的数字化转型方案的规划与业务场景的设计,会议也决定采用"SaaS服务+定制开发"相结合的模式,建设公司的中台系统。经过5轮IT供应商比选,NB公司成功胜出,负责立派公司的数字系统实施工作。

按照项目计划,今天是NB公司的系统阶段里程碑性质的交付汇报,NB公司的项目总监林总、项目经理刘飞以及实施人员,共5人参加了汇报。但似乎汇报的气氛并不融洽。显然,张董对整个实施进度并不满意。

张董说道:"感谢刘经理的汇报,大家这段时间的工作很辛苦。这里有一份项目计划安排,根据计划,我们今天应该完成了80%的系统功能,但整体进度怎么相差这么大呢?市场部王总、IT部的顾总,你们怎么解释呢?"

王总回答:"这段时间,我和IT顾总都在积极参与系统建设工作中,努力推进工作,但您也知道,数字化转型涉及多个部门,很多业务流程需要优化,不是我们市场部和IT部门能做主的。遇到流程卡点,我们都拼命去与相关部门沟通。当初,我们在设计业务场景的时候,大多来自各部门的调研,各个部门都是站在自己部

第五章　IT 实施

门立场提需求。但没有想到的是，业务需求会涉及其他部门流程的改变。如门店的店长希望为每个导购开通小程序商城，这样导购任何时间和任何地点都能卖货。这个需求很好，我们也提给了 IT 公司。可是 IT 的设计不会是想当然，需要严密的流程支持，这些流程需要渠道销售人员、电商团队、人力部门、供应链部门的支持，类似的还有结算流程、选品流程、促销流程，这些流程跨部门情况比较多，都需要相关部门的协助。IT 公司把这些流程问题抛给我的时候，我也是一蒙：果然把事情想得简单了。可眼下，这流程要是不确定，IT 就没法开发。于是，我就找到这些部门解决。你可以问问大家，在座各位的门槛都快被我跑破了。这些问题解决了吗？我一方面顶着转型项目的压力；另一方面顶着 IT 公司的实施压力，人家多耽误一天都是人工成本，可是我也是力不从心。并且，我也是兼职在做这事，市场部今年也有自己的指标啊。看看我们部门的小伙伴，每天加班加点，都很不容易！"

说到这里，王总已经显得有些激动。经过前面方案规划两个月、系统实施的一个多月时间里，王总从原先的满腹激情，变成了现在的颇有牢骚，显然这几个月过得不容易。也许，这段时间他更多的是压力，少了些被理解。他甚至自责："早知道吃力不讨好，就不该接这活啦！"正好借着这次机会，他将难处一吐为快，向张董说说他遇到的问题。

王总望向大家说道："在座各位，事情到这个节点上，多有得罪了，我实话实说。"然后，他将目光转向张董，希望获得支持："张董，如果不解决导购绩效结算问题，没法推进 B2K2C 模式；如果不能为终端赋权，提供自主选货、自主定价，甚至自定义活动的流程，智慧零售也难智慧啦！还有用户运营的团队，销售部门不想承接这块工作，而我们市场部预算和人员配置也有限，没办法做这块事情。平时大家也都很忙，我们也都有自己的手头工作，我也是很尽力地在推动这件事情啦！张董，数字化转型的项目，市场部只是个协调单位，遇到这些问题还是得您出马，我们是解决不了啦！"

看得出，市场部王总在这件事情上，确实力不从心，他说的问题都不是他能控制的。在这期间，IT部门顾总和他接触最多，深知项目流程的推进难度。

顾总进一步补充："是的，这段时间我和王总一直在推进IT落地，IT都是根据明确的需求来落地的。刚才王总说的只是其中一小部分需求问题，业务流程不明确，IT就没办法推进。而市场部和我们IT部都没办法拍板。这是我们目前遇到的最大问题。当然，除了各部门支持配合外，开发过程也是存在诸多问题。NB公司开发好的功能模块中存在大量BUG，SaaS的标准模块很多都不适应公司流程，需要自定义开发，并且和我们公司的其他系统联调不通，这也是影响项目进度的关键。"

会议气氛到这里，已经有了明显的火药味。此时，销售部门方总一直未表态，但看他脸上已经暴露出一丝丝怒气，他有太多的话想说。张董也是明眼人，赶紧打断会场的紧张气氛："好了，我知道大家这段时间工作很不容易，都尽力在做事。我们先说说业务流程的事情，趁大家都在，今天就把这些流程问题定下来。关于IT的BUG，我们待会儿再说。方总，你说说销售部门的事情吧。"

二、部门利益冲突，阻碍IT实施

销售部门方总说道："好的，之前我们部门对数字化转型没太多表态，也只是出于观望状态，公司每年都会发起大大小小不少项目，谁知道这个项目会做成什么样呢！但眼下，这个球踢到我这儿了，那么，我也就不藏着掖着啦！我们是做线下销售的，这个数字化做了，肯定会在线上卖货，经销商到线上商城拿货，这个收入算谁的？另外，消费者如果到公司官网小程序拿货，那这个业绩又算谁的？如果我去推动这个项目，岂不是与我的业绩目标造成冲突吗？另外，你们说要取消会员卡，要用电子会员卡，你说要给导购赋能，让导购不限时间和地点卖货，你说得容易，做做就知道有多难啦！你去改变下经销商试试，每次流程变化、每次业务创新，需要耗费大量力气，经销商甚至我们的自营终端，才能有一点点改变。他们如果这么好改变，我们今天就不会这样啦！所以，你们做规划的，只知道在那儿拍脑袋，完全不知道市场的难处！"

三、一把手牵头，拍板创新流程

不知不觉会议开了一个小时，与会人员纷纷表示了自己在项目参与过程中的难处，大家觉得这些事情都非自己部门能解决的，大家的转型信心受到了一定打击。这时，张董站了出来，再次表明了他的转型决心。虽然公司每年都会发起大小不同项目，但张董深知，这次转型项目不同以往，必须坚定地走下去，中间遇到挫折也是正常，顺顺利利地转型还能叫转型吗？因为有挫折，才更显出转型的必要性，张董坚定地认为，这家公司将在挫折中重新站起来，迎接他们的是一条崭新的赛道。

"好的，大家说的我都明白，现有的业务流程已经让我们成功了十多年，大家也都习惯了现有的工作方式，习惯了现有的绩效激励模式，但那是过去的成功。如今外部环境变了、消费者变了、竞争对手变了、市场打法变了,如果我们不能忍耐眼前的转型痛苦,如果我们不能彻底去改变自己,如果我们因为害怕而不去改变,我们如何能保持市场优势呢?我们要做的不是让IT系统去适应我们过去的成功,而是让IT系统去适应我们接下来的成功!因此,这些业务流程一定要变,哪怕是中间会涉及利益的重新分配。但请大家相信,我们今天的变化,是为了更好的明天。"

张董接着说:"既然,大家都把问题都指出来了,那么,就把这些问题交给我来拍板,一个原则是不要让IT系统去适应我们旧有的业务流程,我要的是配合全新的市场新打法、新流程,我们不要求一口吃个大胖子,但也不能固守旧有模式不去改变。我们一步步来,先解决核心的关键业务,打通关键流程的卡点。所以,请市场部王总和IT部顾总,按照原计划继续去开发,放手去干,有什么事情,我兜着!我要看到满足最新市场模式、最新市场打法的系统配套能力。至于你们担心的跨部门协作问题、流程难打通问题、担心线上与线下业绩冲突问题,这个交给我来解决。这些问题,刚才的会议纪要已经记录下来了,我会和总经理一起把这些问题逐一解决,我们会综合考虑大家的利益,请大家相信!三个月下来,我们的转型初见端倪,能够暴露出系统开发、业务流程优化等若干问题,这表明我们在进步,看到了我们与市场先进性之间的差距,此时,我们不能倒退,必须更加坚定向前。反正一句话:转型的决心,不容置疑!王总和顾总,你们放手去干吧!好的,这个问题先谈到这里,接下来,我们谈谈IT实施的问题吧。"

看到张董下了如此大的决心,销售部方总及其他人员便也不太好说什么。此时,大家谈到了IT开发过程的问题。

四、IT 开发过程的博弈

"IT 部顾总,你刚才说 NB 公司的开发存在很多 BUG,很多系统接口不通,这是什么情况?"张董问道。

IT 部顾总答道:"是的,NB 公司最近也是很努力在配合我们的工作。他们有大量的项目经验,他们的实力,我还是相信的。只是他们提供的 SaaS 系统,并未能像我们事先说的那样,能够适应我们公司 80% 的业务流程,眼下,估计这个适应比例不超过 60%。也就是 40% 的功能都需要重新开发,由于开发量变大,我们原先的预算也显得不够。但这个问题,我觉得 NB 公司有责任,在商务谈判阶段,他们的销售明确说他们的 SaaS 系统能够满足 80% 以上的业务需求,因此,我们预算结构并未考虑多出的自定义开发部分。这是其一,其二是,已开发的模块里,我们发现 60 多个 bug,这能代表 NB 公司的水平吗?!而且和我们公司现有 OMS(订单管理)、ERP(资源计划管理)系统始终联调不通,这些都影响了项目进度,我们也始终在寻找中间问题。"

NB 公司项目总监林总说道:"感谢立派公司信任,感谢张董、王总、顾总这段时间的项目支持。刚才,顾总说的这些问题,确实都是实际情况。但背后的原因,我想双方也正好借这个机会沟通下。我们的 SaaS 系统模块是标准的,是做了大量项目实践中沉淀出来的,他们能适应大多数的业务场景,比如:直播、拼团、小程序商城、B2K2C 的导购赋能、数据决策运营等。只是我们也很苦恼,贵方的需求在我们合作期间,来回变动,已经超过了我们当初的约定。比如,贵方之前说要用我们系统自带 SCRM(社交化会员管理系统)会员管理模块,后来又不肯放弃原有的 CRM,说要集成打通,这中间就涉及大量系统改造和联调工作。又比如：之前说的二级云店架构，公司一级、终端门店一级，后来又要改为：公司、门店、导购三级云店架构，中间来来回回改的需求太多太多，这里我就不一一说了。王总和顾总非常清楚，这显然和我们之前的项目范围不符，我们已经提供了超出范围的工作了。项目期间，需求的变动，项目团队也都积极配合加班完成。但有些需求，比如说会员卡，我们主张用'电子会员卡'，而贵方仍然坚持原有实体会员卡不放弃。这些问题，来回沟通很多次，甚至怀疑我们想偷懒，不想给你们开发，IT人都是很实在的，哪个会偷懒呢？我们真是站在贵方角度考虑的。总之，我们只是希望项目需求能确定下来，不要来回变更。"

林总作为乙方，表达了自己在项目合作过程中的无奈，但也不能当面指责甲方，只能温和而又实际地继续说道："另外，您提到的系统BUG问题，主要集中在自定义开发模块部分，涵盖了系统界面的、模块功能的、系统流程、系统字段多个方面。我们邀请大家测试，正式为了发现BUG，而这也是开发流程中的一环。另外，出现BUG也是常见的事情，你可以去问问别的IT开发公司，哪家不会遇到这种情况呢？如果使用我们标准SaaS模板，这些问题会少很多。说实在的，我们的SaaS模板基本能解决大部分需求，就没必要100%按照新的流程去改造，那样费时、费力也费钱啊。我们稍微多个一步两步，这个业务流程也能实现啊。如果实在不行，我们可以先用着，日后再调嘛。"

林总监接着说道："再者，关于系统联调过程，不是我们单方面能够完成的，也涉及贵公司原系统开发商的配合，我们早在一周前就提供了联调的需求文档，比如支付接口、积分接口、订单接口，以及各种接口定义等，但也一直没有收到贵方的回复，所以，这影响了项目进度，这需要贵司与关联系统的开发商去沟通啊。其实，说句实在的，顾总也是 IT 专业出身，您肯定也知道，IT 项目是按人天[①]计费，每天都是项目成本，我们 NB 公司也希望尽快完成，这一点，大家目标是一致的。所以，这期间发生的问题，希望大家都能理解。"

很快，两个多小时过去了，业务流程的问题，交由张董与总经理去解决了。而关于系统开发的问题，貌似没了最终答复。如果因为自定义开发需求的增加，需要增加项目预算，重新签订补充协议，会如何呢？而又因为系统 BUG 或者接口联调问题，影响项目进度，致使项目停摆，这又会如何呢？这就是 IT 开发过程，甲乙方博弈的现实，其实还不仅于此……

第二节　解读：IT 开发的困境

在实际的 IT 项目交付中，这类情况屡见不鲜，项目目标的不确定、需求边界的不清晰、需求内容的临时变更、业务流程的不可控、甲乙双方的不信任等问题都影响了 IT 的实施。甲方不满意乙方交付，乙方收不回尾款，没有赢家。到底是什么造成了这一局面呢？

一、乏力的公司团队

强大的公司团队是保证项目顺利执行的关键。这里的强大指的是项目团队具备专业的 IT 能力，有集中的决策权，有公司内部资

---

① 人天：行业术语。指一个人工作一天的工作量。

源协调的能力，能调动相关部门配合执行的能力，这几点缺一不可。但现实中，传统企业做数字化转型，往往由传统业务部门统筹。他们虽然对自己行业有深刻理解，懂得梳理公司的业务流程来配合先进的市场模式与打法，但没有专业的 IT 背景，于是将业务流程转换成 IT 能力过程中，显得较为乏力。公司在没有专业的 IT 人员的情况下，与 IT 合作方的沟通是比较困难的，容易出现沟通"误差"。IT 合作方需要做大量的"教育"工作，以保持合作双方的知识同频，促进理解对方的合作意图。这将会耗费大量的沟通时间，双方也会产生错误的理解，而导致最终的 IT 实现与原本需求不符。

另外，传统面向企业内部管理的信息化工作主要依靠需求调研并做 IT 化还原呈现即可，业务流程的创新优化较少，创新决策比重较低，依靠 IT 部门牵头便能高效完成。然而，数字化转型不同，它主要面向企业外部，以"人"中心，以"增收"为重点，涉及线上与线下一体、公司后台与销售前端一体、公司内部与外部伙伴一体等多个单位的联动，同时要能够对市场的变化快速反应、敏捷应对。因此，这就需要公司的项目团队有足够的跨部门协调能力，并且具备充分的决策权来及时响应变化。而现实情况中，数字化转型项目往往委托公司的某一个部门承建，项目的协调能力与充分的决策权明显不足，于是在项目推进中项目团队显得"力不从心"，成为影响项目执行的瓶颈。这方面问题在案例故事立派公司的市场部王总的发言中得到了充分体现。

因此，一个强大的项目团队能有效保证项目执行。他们需要有专业的数字化理解、专业的 IT 背景知识、有充分的决策权、具备推进部门协同与调动配套资源的能力，显然，这种情况较为理想化，所以，"一把手"牵头就显得非常必要。

二、"大而全"的开发追求

"一味求大"并不符合当前的数字化 IT 特征。传统的信息化需求都希望系统功能"大而全"。一方面,公司项目实施团队延续过去信息时代的开发特征。信息化团队不是收入部门,在公司地位不如业务部门,没有充分的需求决策权,其定位只是"响应与支持"。于是他们尽可能采集并满足各个部门的需求,潜意识中认为"反正你们要的需求我都去实现,功能用和不用,用得如何,和我没关系"。传统系统开发缺少需求的严格筛选与决策机制,造成了系统"大而全",大量开发资源被浪费。当前很多公司内部的系统,功能的使用率都不高。另一方面,IT 开发没有动态响应市场特征,把开发当作目的而不是过程,管理人员更加关注 IT 规划和项目计划,关注项目里程碑、截止日期,脱离市场需求,最终形成了一大堆的"IT 工具集合"。

而如今,数字化时代,数字化工作上升到公司战略,IT 不再是支持定位,而是引导、赋能与驱动。"引导"就是有 IT 经验或者互联网经验的数字团队,凭借对数字业务的理解,较传统线下团队更好地理解在线业务,能够引导公司线上与线下业务的融合;"赋能"就是 IT 的业务中台系统为公司武装四肢,让公司业务变得"健壮";"驱动"就是 IT 的数据中台系统能够帮助公司建立数据资产,通过数据决策"反哺"公司的业务流程,让公司业务流程更精准、高效,变得"智慧"。在这样的定位下,数字化部门从被动地"响应与支持"变为主动地"引导、赋能与驱动",从业务支持变为战略驱动。而这期间,"敏捷性"开发模式成为重点。"敏捷性"开发,一是能快速响应市场变化,优先发展市场需要的功能,而不是

"大而全,一起上"。二是能快速迭代,先解决核心业务流程,再逐步优化与补充其他业务。三是小步快跑,边应用边开发,这样能缩短开发周期,快速看到效果。四是解决开发成本,更加高效务实,避免不必要的开发浪费。

三、"急于拿单"的 IT 销售

"灵活激进"的人与"谨慎务实"的人在一起工作,是冲突多,还是和谐的情况多呢?两者在合作中会有很多故事发生。这一点,在 IT 公司尤为明显。销售人员是业绩导向,具备"外向、灵活、激进"的性格特征;IT 开发人员具备"谨慎、务实"的性格特征,因为常年面对一行行代码、严密的逻辑、害怕 BUG 会影响成千上万的用户。笔者曾经带过 60 人的项目团队,有业务也有开发,他们为了需求争得耳红脖子粗是常有的事情,协调两者关系也不是件容易的事。销售为了拿单,在客户需求没有充分理解的情况下,尽可能满足与答应。而把需求拿到开发团队手中,却是这个难做到、那个也难做到。项目委托方会对 IT 公司质疑:"首付款已经支付了,你们却说部分功能没法实现,你们是不是想偷懒?"而 IT 公司回应:"你们当时并没有说清楚需求。"确实,委托方总想花更少的钱,实现更多的功能。要知道,再详细的需求也有模糊地带,尽管确认了,也存在变动的可能。这时,IT 公司的系统销售人员会带上实施团队与项目委托方一起"和平地争论",没完没了。就这样,在委托方、系统销售方、系统实施团队方三者之间,大家站在各自立场不停博弈,最终影响了项目交付。

于是,IT 公司需要建立一座桥梁,这便是"业务架构师"——基于销售、售前与开发的中间体。他既是"油门",对客户业务有深刻理解，能够可视化描绘数字化转型的业务场景与系统蓝图，助推销售拿单；他又是"刹车"，能够谨慎地评估项目委托方的业务需求，引导客户需求，确定需求边界、分析实现难易度和管控风险。他以 SOW（工作说明书）为主要输出，作为合同附件，明确项目中的产品和服务表述，约定双方期望。**SOW 包括：服务范围、方法、假定、服务期限和工作量估计、双方角色和责任、交付资料、完成标准、顾问组人员、收费和付款方式、变更管理等**，以使期望中的合作双方确定是否有能力提供各事项，约束期望，减少项目风险，避免日后双方摩擦。

第三节 应对：开发模式、对话机制与流程

一、利用"共创"，搭建平台对话机制

在立派公司的 IT 沟通会议中，合作双方对数字化转型有不同理解。其中关键信息包括：是使用实体会员卡还是电子会员卡，是应该放弃原有 CRM 还是引用新的 SCRM 系统。企业的原有业务流程是否符合智慧零售的新打法？遗憾的是，这些问题都在 IT 实施阶段才暴露，导致了理解冲突。IT 合作方凭借大量的商业实践，有很多创新的商业想法。它们提出质疑实属正常。它们也不希望系统做出来就落后，这是客户导向的正常思考。只是立派公司妥妥地将自己定位为甲方，乙方无须反驳，正常配合即可。这样的合作，是典型的甲乙方思维，大家缺乏一个平等的对话机制。笔者做了 16 年的乙方，服务数字化项目若干，深刻感觉到："强大而谦虚"的甲方公司能避免项目走弯路，而"强势和独裁"的甲方则能让项

目带来很多不确定性，失败概率增加。因此，合作双方需要平等的对话心态，这是项目前提。

另外，合作双方需要搭建平等的对话机制，这是项目保障。这个对话机制不要等到 IT 开发阶段才开始，而应在业务规划阶段便介入。最好的对话平台是"场景共创会议"，也就是委托方的项目团队在开展内部共创期间，除了邀请经销商这类销售合作方，还要邀请 IT 公司这类实施合作方。通过共创，大家相互碰撞，导入相同的数字化转型知识，达成相同的业务理解。有冲突、有质疑、有建议，大家在业务规划阶段便解决。

"场景共创"过程是同步双方频率的"道场"，也是从规划阶段到实施阶段的衔接。但"场景共创"仅仅设计出场景故事是不够的，一定要**"围绕场景故事，输出对应的能力提升需求，并提出具体的 IT 功能清单"**，也就是将大家共创的场景转化为系统功能蓝图，并根据需求的优先级，制定开发顺序。这一步是从场景设计到 IT 实施两个阶段的过渡衔接，不可缺少。

综上，合作双方保持平等的对话心态，并借助场景共创会议，搭建平等的对话机制，达成理解共识，确定需求范围、清单与顺序路径，这样可以大幅减少后期开发的摩擦。

二、以最小原型上线，小步快走、快速迭代

开发"大而全"的系统会带来开发资源浪费，脱离市场需求导向。在数字时代应将开发作为过程进行管理，而非一次性买卖。开发应该以市场为对象，以绩效为导向，只有能带来市场优势和绩效结果的功能应用，才是好的应用。这里推荐"最小原型上线，精益开发"的过程，其优势特征表现为以下几点。

（一）绩效导向，避免开发冗余

根据二八原理，实际能产生绩效的功能只占到20%，这类功能又叫作"基础核心功能"，是决定应用成败的关键，而另外80%对应的是辅助性功能以及增值性功能。因此，**最小化原型就是要围绕"核心基础功能"进行开发，快速拿到市场去检验，根据绩效结果，快速迭代更新**。比如微信的开发过程，也是基于最小化原型开始，微信的1.0版本，只是熟人间发送语音和图文的聊天工具。后续版本，以此为基础，增加了"扫一扫""朋友圈""公众号"等辅助性功能。微信的"大而全"并不是一蹴而就，从通信工具过渡到社交平台，直到今天的移动生活场景，整个过程遵循"小步快跑、快速迭代"的开发规则。

（二）开发资源放在"核心基础功能"，并绩效导向

一次性上线"大而全"的系统，会带来大量的BUG。当然，全新的系统出现BUG属于正常现象，但会严重拖慢系统上线进度，浪费大量的开发资源，改了老BUG又会出现新BUG，层出不穷。决定应用成败的关键是"核心基础功能"而不是那些"增值性功能"，因此，将开发资源集中在"核心基础功能"上，并带来正向绩效（正向绩效即IT功能能够推动公司增收、降本、提效，看到实实在在好处）才是关键。如果企业始终将注意力与开发资源放在大量的BUG修修补补上，容易造成"捡了芝麻丢了西瓜"。

那么，以"最小原型上线"的开发模式成为首选。它能减少BUG的出现、快速成型。如果把"核心基础功能"比作尖刀，那么"最小化原型"就是尖刀上的"刀刃"。借助这种模式，企业能以最小

成本、最短开发周期去市场上试错，快速收集正向绩效的反馈结果，并以此判断 IT 功能有效性。这种模式真正做到了在绩效导向下，将有限的开发资源用在了绩效结果上。

（三）基于绩效导向的最小原型，要抓住"三通"

基于绩效导向，就是将开发的应用拿到市场中去检验，评估能否带来正向绩效结果，也就是系统的开发投入能否带来收益，要么能降低成本，要么能提升效率，要么能增加收入。那么，在正式的市场检验前，就需要搞定"三通"：

一是要"通流程"，即围绕新功能应用的相关业务流程能不能走通。

二是要"通接口"，即与应用系统相关的其他系统接口能不能调通。

三是要"通业务"，即围绕应用的市场绩效检测工作，所需要的组织配套能力、部门协同能力、团队业务能力能不能拉通；

"三通"覆盖了系统自身、系统关联与系统的组织配套三个方面，是系统应用开展绩效测试的前提，是后续开展功能迭代的基础。

三、完备的开发流程，保障项目执行

整个 IT 开发过程分为合作沟通阶段与 IT 实施阶段。

在合作沟通阶段，首先要达成业务理解的共识；其次是根据共识基础，撰写 SOW（工作说明书），约定双方的目标、范围、投入资源、可能风险，保持项目在合理预期内。

在 IT 实施阶段，首先，需要撰写 PRD（需求规格书），界定更详细需求、场景与功能清单；其次，按照最小化原型进行系统开

第五章　IT 实施

发，快速迭代；最后，按照绩效导向原则，开展系统应用试点，复盘优化。

以下内容，以框架为基础，以 IT 实施手册形式简明扼要地介绍各阶段的重点工作。作为项目委托方可以参考以下"手册"内容，了解未来合作 IT 公司的工作内容与流程，并提出相应要求；作为 IT 开发公司，可以以此为蓝本优化合作流程，避免合作误差的出现。

IT 实施手册的具体内容可包括以下几个方面。

（一）业务咨询，双方达成业务理解的共识

1. 宏观面：理解数字化转型

要求合作双方懂得商业数字化的进程，本质，概念和未来图景（如市场规模、趋势、消费转变、技术革新），当前创新的场景类型，云计算，大数据，中台概念与应用等。

2. 中观面：理解行业数字化

理解公司所在行业的最佳实践，以及其数字化特征，包括主流数字化模式、市场打法、运营方法、数字化场景，以及同行企业在实施数字化过程中遇到的问题和应对方法等。

3. 微观面：达成企业自身数字化的共识

（1）对自身问题与条件现状的理解：IT 公司要能够清楚了解委托公司的痛点、数字化目标、业务场景、解决程度、资源和能力现状，并且双方要达成共识，因为这是公司实现数字化转型的基础条件。这对 IT 公司来说是个考验，因为需要具备市场研究的方法，能够快速找到委托公司的痛点，能够去伪求真找到真正关键的问题，并认清问题本质。

（2）达成业务方案共识：合作双方要共同描绘基于公司痛点

的业务实现方案,设计出能落地的业务模式。

(3)达成实施目标、路径与举措的共识:双方能够共同认可未来数字化的目标、实施的思路与路径,尤其是第一步该如何迈出。

(4)达成业务场景的共识:能够将规划思路通过可视化、故事化的方式进行表述,如战略地图、体验地图、业务蓝图、系统蓝图,帮助双方更好地理解转型的方案。

以上,宏观与中观面的数字化是基于外部现状的理解,可以参考本书的第三章内容。而关于微观面的企业自身的理解,需要诊断、探索与创新,合作双方可利用本书第四章介绍的"共创工具",找准关键问题、深挖本质并对症下药,达成合作的基础共识。因此,合作双方在开展 IT 实施之前,开展业务共创、搭建对话机制就显得更加必要。

(二)预期约束,提供 SOW 工作说明书

SOW 工作说明书作为签约合同的附件,用来约束大家的项目范围与预期。

1. 确定合作框架、目标与范围

(1)合作框架制定:共创先导,精益开发。即在系统开发之前要开展业务共创,达成共识;在开发过程中,面向"核心基础功能",采取"最小化原型"的开发模式,以绩效为导向进行功能检验,根据反馈结果快速迭代优化。

(2)项目目标制定:包含客户战略目标、业务目标、本次项目的实施目标。

(3)工作范围界定:从业务层(描述项目覆盖的业务范围)、系统层(描述业务相关的系统范围和集成关系)和支撑保障层(描

述基础设施建设，以及项目开展的支撑保障工作）三个方面进行范围分析。

2. 确定建设方案

（1）业务层规划：从消费者角色描述智慧购物场景、从运营者角色描述智慧运营场景，以及从管理者角色描述智慧管理、智慧决策场景。

（2）系统层规划：描述匹配业务策略所需要的关键系统能力，如全渠道触达，无缝交易，数据驱动运营，并根据各能力模块描述客户获益，业务架构，功能架构，与委托方现有系统集成关系（系统衔接、系统接口、数据交换、数据迁移范围），部署模式，该模块实施的关键问题和建议。

（3）支撑保障层规划：描述基础设施保障措施（如容灾、安全、IT服务、运维等），项目管理保障措施，委托方数字化变革的管理保障措施，以及新系统在公司推广执行的保障措施。

3. 产品交付标准

交付产品的形态、端口描述。

4. 验收标准与责任厘清

描述系统验收流程与机制，以及出现交付误差的情况下，责任划分机制。

5. 合作报价

根据合作的基础产品、交付人天，以及毛利率，进行商业报价。

6. 项目投入与沟通

制定项目的开展周期、项目开展的详细计划、项目实施团队、项目日常的沟通机制。

（三）范围界定，提供 PRD 需求规格说明书

PRD 需求规格说明书在完成签约，IT 合作方进场后出现，更详尽地展现本次项目的内容，包括业务分析、目标设定、业务设计三块。

1. 业务分析

（1）诉求分析：分析委托方的业务痛点，明确需求应用场景和受众群体。

（2）业务分析：分析委托方的现有整体及各子系统业务流程、整改和优化方向及意图。

（3）竞品分析：分析竞品的系统应用场景、功能、业务流程。

（4）资源分析：分析委托方的现有系统、对接系统清单、业务资源。

（5）业务范围规划：根据委托方的需求、项目周期，规划出合理且有效的业务需求范围。

（6）验收标准：详细划定项目收尾阶段所需交付并验收的资料、代码等交付文档，以及相应的验收标准。

2. 目标设定

（1）业务目标描述：从项目整体上描述业务目标、项目范围。

（2）产品形态确认：各系统模块的产品形态（IOS、安卓、web 等），需经由委托方确认。

3. 业务设计

（1）详细业务场景分析：按照 5W1H 分析法，梳理业务场景，场景内容包括：对象（What，什么事情）、场所（Where，什么地点）、时间（When，什么时候）、人员（Who，用户角色）、为什么（Why，

原因)、方式(How,如何),以可视化流程进行展现。

(2)优化后流程:根据业务场景,对现有业务流程进行快速分解组合,找出流程最优解。

(3)功能清单:根据业务需求,整理功能清单。

(4)页面描述:详细描述页面各板块、按钮功能以及页面中的需求重点。

(5)功能描述:详细描述模块中各功能点的核心规则、判定条件、操作流程等。

(6)产品迭代规划:根据项目周期和条件,合理规划并安排产品优化、迭代优先级和周期。

(四)产品交付:系统原型、开发到上线

1. 系统原型设计

(1)界面布局:基于页面元素、页面重点功能的特性进行页面框架的设计,设计出逻辑严密的、标准的、易用性强的原型界面。

(2)用户交互:基于业务流程、参与角色、业务节点特性进行交互设计,设计出符合交互原理的、用户体验度好的交互方案和流程。

(3)规则描述:编写业务规则,包含但不限于业务逻辑、制约条件、前置条件。

2. 系统评审

(1)设计评审:IT项目团队对整个系统进行初步评审。

(2)测试评审:测试人员编写测试用例,共同参与系统测试,并根据测试结果提出相应优化和解决方案。

(3)UI评审:IT项目团队配合UI人员进行前端设计效果图

和页面交互的评审。

3. 开发管理

（1）系统开发：项目开发人员根据系统原型，需求进行功能开发。

（2）迭代管理：根据最小化原型上线原则，对后续变更的功能进行控制（新增、修改、删减），并进行需求排期。迭代计划需要项目合作双方及时进行沟通。

（3）需求答疑：开发过程中，对委托方的需求疑问，IT公司要及时解答。

（4）变更管理：开发过程中，委托方临时变更需求的情况，双方合理评估变更工作量，管控变更范围，规划版本，并按照商务合同中的需求变更条款，补充工单、留存记录，用于可能新增的工作量结算。

4. 验收上线

（1）系统验收：按照验收流程，委托方对研发交付项目进行测试验收。

（2）培训文档：IT项目团队编写产品培训文档以及系统操作文档。

（五）试点应用，绩效导向，市场检验

1. 试点组织

项目团队（委托方）组织系统的应用试点工作，包括策划试点方案、制订试点计划、选定试点部门与团队，并围绕新系统优化试点的业务流程、组织架构、绩效方案等。

2. 试点培训

项目团队（委托方）对参与试点人员进行业务培训，IT 实施团队（被委托方）对试点人员进行系统操作培训。

3. 试点执行

试点团队按照试点计划与要求，执行相关工作。

4. 执行监督

企业转型项目团队监督业务运转流程、绩效提升效果，并记录相关问题；IT 实施团队监督系统功能的输入与输出结果、操作体验友好度、系统稳定性等。

5. 复盘优化

合作双方复盘试点结果，提出业务和系统的优化方案。

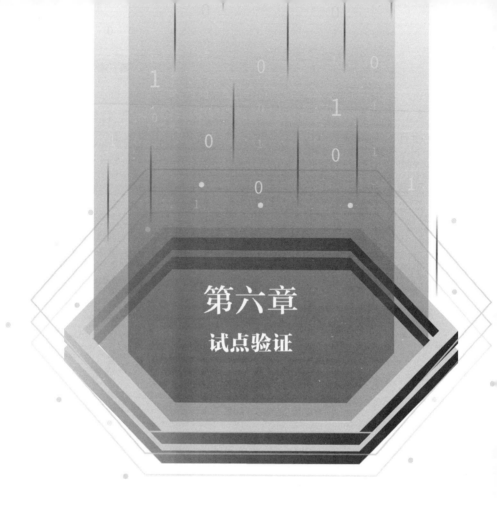

第六章
试点验证

企业数字化转型需要抓住试点环节，打造"样板工程"，并撬动公司全面转型。围绕试点工作，企业需要从"IT 关注"转向"新价值网络关注"，也就是围绕数字化设施，搭建企业前台、中台与后台，企业上游、下游，企业与客户之间的新关系、新流程、新价值。具体来说，包括运营机制如何搭建、组织结构如何调整、运营流程如何升级、绩效激励如何优化等。

第六章 试点验证

第一节 故事-6 方案试点,在期待中蝶变

一、试点动员

立派公司在张董牵头、市场部王总及 IT 部顾总配合执行下,历经一个多月,完成了系统核心功能的开发。最小化原型的系统功能上线了。接下来他们将开展试点工作,以验证 IT 能力能否为市场带来增收效果。他们选取了华南、华中、华东、华北各 1 家直营门店作为试点对象。为什么选取直营店,而不选取经销商呢?这是项目团队经过研讨决定的。他们认为,直营门店更加可控,执行意愿与执行力更强,并且直营门店具备更完善的软硬件条件。这一天,他们邀请了四家试点门店的店长来到总部,做试点动员与培训工作。

首先,张董把整个项目的背景与过程向各位店长做了介绍,强调了本次数字化转型对公司的重要性,鼓励各位店长积极配合试点工作。华南店的店长应道:"张董,我们在公司少的工作七八年,多的工作十几年,看着公司从小做到大,每次公司的转变,我们都是冲在前面,这次公司能让我们'打头阵',也是公司对我们的认可,我们还是会一如既往地向前冲。你就说说吧,接下来需要我们做什么?"确实,四家主力门店的店长是立派公司的老功臣,在起起伏伏的公司发展历程里,员工们来的来,走的走,而这四位能够坚持下来,凭借的是对公司的信任、优秀的能力以及超强的执行力。每次公司的变革,他们不会有太多质疑,更多是执行再执行。张董

也是对他们信赖有加。

张董知道门店终端由销售部方总管理，不便参与执行细节，于是示意由方总介绍后续的执行细节工作。

"好的，让我来说说本次试点执行的具体工作吧。"销售部方总说道，"还有2个月就要到'6·18'了，我们想以此为契机，做一个线上线下融合的新销售模式，一方面检验下新模式的有效性，同时也看看我们的团队在这个模式的执行中会遇到哪些问题，便于我们进行调整。简单说，'6·18'那天，我们要做的是'门店+社群直播+社群拼团模式'，具体是这样的……"方总将B2K2C模式为大家做了介绍，继续说道，"我们将会把大家试点的成功经验向全公司复制，并想借'双11'活动契机，让公司全体上下按照新的数字化模式行动起来，撬动公司整体数字化转型工作。"

二、店长的担心

各位店长在听取方总介绍的过程中，有的眉头紧皱，有的频频点头。其实大家在2020年新冠肺炎疫情期间，多少参与了直播和拼团的购物，他们在居家封闭期间，日常吃的、用的很多都是从该模式中采购而来。对于该模式，老张第一个举手赞同。老张是华中区的店长，门店就开在武汉。

老张激动地说道："我从2020年1月到5月，5个月时间都是隔离在家。隔离的痛苦，我比其他店长体会更深。还好我们小区有自己的社群，我每天吃的、喝的都是在小区社群里拼团完成。这个模式为我带来了极大方便，所以我认同这个模式。新冠肺炎疫情给国家、给社会，也给企业造成了巨大麻烦，但我们齐心协力战胜了它。疫情有风险，我们不怕；公司试点创新有风险，我们也不会

第六章 试点验证

怕；跟着公司这么多年，大风大浪都见到过。这次，我相信我们能顺利过关！还有一点，我一定要说，疫情期间，公司一分钱工资没少发，我非常感谢公司。现在，公司背负巨大转型压力，我一定会积极配合本次试点项目，有压力一起扛，有困难一起当。"

"老张，表决心是好，但是，你有没有想过，社群做直播拼团在我们门店做合适吗？"华南区店长打断了他，"社群粉丝从哪来？直播谁来做？拼团活动怎么做？我们门店就五个员工，大家平日都有自己工作要做，我们不可能原有事情不做，来做这个新模式啊……"

方总听到这些问题，正好也是项目团队之前关心的问题，他赶紧应道："感谢各位店长对公司数字化的认可，大家提到的问题，公司项目团队讨论过，而且是由张董亲自牵头帮大家梳理并且拍板的。从大的方向说，转型肯定关系到公司流程的再造问题，也就是会和现有工作流程、工作方式有所不同，不然怎么叫转型呢。从具体方面来说，粉丝从哪来？直播谁来做？拼团活动策划怎么做？我们接下来会为大家安排一天的培训，将其中的操作方法和流程，以及各种应对话术教给大家。所以这个大家不用担心。关于直播，公司内也协商好了，前几期直播由公司中后台的管理团队来做，给大家做个示范。在后期，我们会在公司内部做个海选，找一些有直播意愿和能力的同事来做。改革创新的试点工作，会打破大家原有的工作方式，大家回到自己门店后，肯定是有的人支持，有的人质疑，这也正常。这里，公司为了打消大家疑虑，还准备了一些'突围'奖励，也就是能够贯彻公司的试点方针，并取得效果的门店，公司会给予不同的激励支持。在试点完后，我们也会有个表彰大会，奖励大家的努力付出。在大会上，将我们的成功经验向其他门店和经销商去复制。所以，大家在这方面不要担心，有任何问题，公司都会给予大力支持的。"

三、消磨殆尽的热情

考虑到试点门店其他店员需要维持日常经营，没法来现场参与项目培训，公司在培训现场搭建了直播环境，帮助试点项目的所有参与人员理解公司转型的背景、方法、行动措施。并且公司也提供了执行工具的支持。包括：物料、管理表格、销售话术、吸粉小礼品、小程序工具。就这样，在公司的动员下，四家试点门店带着十足的信心回到自己的岗位准备开始大干一场。门店按照公司的要求，开展了具体工作。

在店内二维码布点，在自己的公司门窗贴上海报，在店内放上单页、X形展架，鼓励消费者扫码；每位店员主动针对进店离店的客户邀请加入微信，并且拉入门店微信群；每位店员梳理手头上已有的微信客户，并拉入微信群；公司侧，利用在CRM会员系统中梳理出门店覆盖的会员名单，交由各门店电话外呼，用来加微信好友。

门店认真贯彻执行公司安排，并且每天打卡上报门店的效果。一周下来，四家门店的微信群粉丝少的有200多人，多的有400人。在接下来工作中，大家每天都往群里发送各种小程序活动信息，前两天还好，群里的粉丝表现出一定参与度，也有一定带货量。但问题来了，从第三天开始，打折信息一发，就陆续开始出现了"掉粉"现象，更有一些粉丝在群里发送各种垃圾广告。随着社群粉丝的增多，门店每天要花费大量时间做社群清理工作。慢慢的，大家的积极性也就弱了下来。到了后期，社群也没人管理了，前期的热情消失殆尽。

四、复盘跟进

公司项目团队看到大家每天的打卡数据，也发现了这个问题。按照约定的沟通机制，大家每周开电话例会。会议中，销售部方总说道："大家这段时间的试点执行，我们能看到一定效果。一是粉丝量已经突破了2000人；二是每天每个群都能有带货量。张总，我们在后台数据看到，你们门店上周二带货能有2万元吧。能和大家分享下吗？"

华中区试点门店的张总回答："是的，有2万元，我们也做了数据分析，其中1.5万元都是老客户购买。看到我们群里发放了大量优惠券，抵扣下来比门店更便宜，所以直接在群里拿货啦。但我高兴不起来啊，因为即使没这个活动，他们应该也会买啊，我们总是在群里做优惠，我们应有的日商（日营业收入）反而下降了。所以，这个线上销售是不是跟我们实体门店有冲突呢？"

"是的，你的冲突问题，我们还是要从长期考虑，虽然当天的日商有影响，但活动拉高了客户购买频率以及客户黏性，我们需要经过一段时间后综合来评估。但眼下有个问题，我们在后台数据发现你们店近些天都在掉粉，带货量也没前期好啊。"方总接着问道。

"是的，前一周效果不错啊，也能有带货量，可是后面大家积极性不够。我和几个店员沟通，他们反馈工作量太大了，每天都要加人、清人、发信息，而且一发信息就掉粉，干脆就不发啦。我们也是按照公司安排在执行，但店员的抱怨声越来越大，我想旧模式和新模式之间得有个平衡点，还需要从心态上、工作方式上做些调整。前期大家有积极性，是因为大家认可公司，愿意跟着公司走。但回归常态后，大家还是最关心投入产出问题，就是做了这些事情，收入回报不成正比啊！"

销售部方总说道："嗯，老张，你说的问题我记录了。李经理，你们门店社群销售波动也比较厉害。并且，近来群里很多内容都不是公司的内容，甚至还有竞品内容出现，你们怎么不管理下呢？"

华南区店长李经理说道："方总，刚才老张反馈的问题，我们也遇到了，我就不重复啦。你说的竞品信息，我都是在晚上才看到，而且翻了好几页才找到。您也看到，每天大家在群里发的信息量很大，店员白天都要忙店内事务，没法一刻不停地盯着手机看，所以，很多时候都是晚上加班加点干，大家已经很辛苦了，我也不好多加指责啊。"

不知不觉会议开了一小时，大家能看到近期私域流量运营带来的效果，但同时也带来渠道冲突、工作量增加、缺少用户运营方法的问题。久而久之，店员们积极性下降，抱怨增多，最终影响了试点的执行。用他们的话说："相比于以前整天和'货'打交道，现在与'人'打交道要难上很多啊！"也许这就是企业从"渠道卖货中心"到"用户运营中心"转变的阵痛吧。

转型项目团队看到试点门店的疑虑和抱怨，并没有感到意外。这些年，哪一次的变化创新不是这样呢。大家知道转型是一定要做下去，遇到的这些问题并不能阻挡转型的步伐。张董向方总递了下眼色，这些年的共事，方总自然心领神会，于是接着说道："转型遇到问题是必然的，但我们需要解决问题，不能因为问题而否定转型。我们这次试点以'6·18'为契机，公司希望借用新的数字模式，在销售业绩上较往年有所突破。好在，大家前期的试点，诸多问题也都提前暴露了出来，这是好事啊。好啦，问题大家也都说完了。接下来，大家回答一个问题：按照新的数字销售模式，今年'6·18'，

第六章 试点验证

你准备实现多少增长目标呢？我给大家15分钟讨论时间，然后逐个来回答。"

接着，大家开始研讨起来，关于确定业绩增长，有的说提升10%，有的说提升5%，大家讨论完后，最终将指标提升定格在5%。这也正常，销售单位都会倾向于指标定得更低，与公司的期望总是有些出入。但公司总归是公司，5%是难以满足公司增长要求的，于是张董和方总商量后，决议不再退让，将增长指标锁定在了30%。

"30%？这根本是不可能完成的任务嘛！"四大门店觉得不可思议。

方总说道："是的，30%，这是项目团队讨论的结果，很多同行实施数字化后也做到了这个增长，甚至更高。我们为什么就不能做到呢？大家也都培训过最新的数字销售模式了，同行也在实践这个模式，并且取得了不错效果。所以，大家对这个指标不要再有质疑。"

"是的，确实有很多企业实现了30%的增长，这点不否认，但是它们做数字化工作不是一年两年了，并且在天猫、京东等电商渠道上的销量都比我们大很多。再看看我们，公司以前对电商不够重视，现在想做数字化，我们的基础条件不如它们吧，所以，我们需要一个过程，一步步来。"

就这样，会议在"增收目标"和"试点问题"上来回讨论，始终难以给出下一步的行动方案。

请你思考

1. 立派试点工作的症结在哪儿？
2. 在会议中，如何将讨论焦点从"问题抱怨"和"目标讨价还价"上，转向有意义的"行动方案"？

第二节 解读：试点中的问题

一、数字化配套应对不足

立派公司在试点工作中，为前台试点门店配备了大量的数字工具，如商城小程序、直播小程序、拼团小程序、门店的结算管理工具等，但遇到门店不懂粉丝运营、运营人手不足、精力不够、积极性不足等问题。从中可以看出，数字化转型不是简单地引入数字化设施，对相关人员进行操作培训即可，其公司的组织配套、业务流程、销售模式均有较大幅度改变，新模式下需要全新的公司内外部资源匹配与能力支持。然而，相比于数字化，20世纪90年代与21世纪头十年的公司内部管理信息化过程不同，它将公司原有流程在线化改造，而不对流程本身做大幅创新与升级，因此，公司内外部资源的改动幅度就会小很多，其配套支持也会比数字化转型要求低很多。

二、过多关注于"问题"和"目标"

在试点复盘中经常遇到"问题抱怨"和"目标讨价还价"。销售一线承担公司业绩目标的实现，有较大的销售与服务压力，需要应对快速变化的市场环境、解决层出不穷的客户问题。但是企业的复盘会议不能成为"抱怨会"和"讨价还价会"。企业还是需要紧盯数字化转型大框架和大目标，不能因为各种小问题，影响目标的实现，扰乱执行的节奏。具体到本次立派公司的试点复盘会议上，销售部门方总未能很好地安抚各个试点单位的情绪，控制好整个复盘节奏，复盘过程被试点单位牵着走，结果是，问题抱怨越来越多，目标讨价还价越来越厉害，始终难以将复盘焦点转向"下一步如何做"上。立派公司"6·18"试点的成功,关系到公司的转型全局,因此坚定的立场很关键,就是"没问题要上,有问题也要上",30%的增长目标是公司数字化转型的战略设定,不容置疑。在该基础上,复盘的焦点应放在实现30%的业务增长,各试点单位都需要哪些支持上。复盘会议应该围绕目标设定,设计资源、流程相关的支持方案。无外乎是给政策、给钱、给人、给工具,解决试点单位后顾之忧,并给大家有吸引力的激励措施,鼓励试点单位"向前冲"。

三、复盘过程显得被动

显然,立派公司的项目团队对大家反馈的问题并没做好充足的准备。一方面,项目团队重视程度与参与程度不够,试点期间,他们并没有深入到试点一线了解具体的执行情况,仅仅是根据数据看结果,没有深挖数据结果背后的问题所在,仅仅是"结果跟踪"而不是"过程跟踪"。另一方面,在复盘会议之前,项目团队并没有对大家可能遭遇的问题,提前给出应对方案,而是指望在复盘会议上,大家共同探讨。一句话:"重视不足,参与不够,准备不充分。"

第三节 应对:关键举措,护航试点

一、从"数字设施关注"到"新价值网络关注"

复旦大学芮明杰教授主编的《产业经济学》一书中谈到"技术与产业融合"的问题,指出:数字化技术与商业场景融合后,要求在数字技术基础上,对原有数字化创新路线、业务流程、管理以及组织等进行全面的协调与整合,以实现公司前中后台的资源共享,改善业务结构、增强核心技术、提升业务能力。另外，哈佛商学院教授克里斯坦森（Christensen）和罗森布鲁姆（Rosenbloom）认为，许多公司技术融合战略的失败，不在于受制于技术能力不足的限制，而在于它们连接"新价值网络"能力的不够，体现在与供应商和消费者的联系不够上，因而不能够利用技术能力创新产品和服务，满足市场需求。

于是，可以看出，当下中国企业的数字化转型，无论是企业自建数字中台，还是租用 SaaS 模式的数字中台，引入 IT 设施已不是难事，它已不构成数字化转型的关键。而接下来的**重点则是从"IT 关注"转向"新价值网络关注"**，也就是围绕数字化设施，**搭建企业前台、中台与后台，企业上游、下游，企业与客户之间的新关系、新流程、新价值**。如公司从"增量运营"向"存量运营"的转变：从公司"内部价值网络"看，除了引入私域流量运营的各种数字工具外，存量用户的运营机制如何搭建、组织结构如何调整、运营流程如何升级、绩效激励如何优化等，将成为关注重点；另外，从公司"外部价值网络"看，基于存量客户的运营，如何重新定义客户价值、如何选定意义型场景（本书前面介绍了从消费商品功能到消费商品意义）、如何定制场景解决方案、如何根据场景方案引入更丰富的供应链、如何建立更为亲密的客户关系等，同样需要重点考虑。

为了加深对"新价值网络"的理解，我们具体到零售行业举例说明。

安奈儿成立于 1996 年，主营中高端童装业务。公司于 2017 年在深交所上市，成为国内 A 股童装第一股，经过二十多年的创业创新，安奈儿现在已经成为消费者最喜爱的童装品牌之一。2020 年的疫情期间，安奈儿通过"全员营销＋小程序商城"寻求业绩突破，以朋友圈和社群运营的线上方式获客、推广和销售，实现门店业绩完成率109%。

但在业绩背后，让所有门店及导购应用IT工具并非易事。比如门店导购对线上模式理解存在偏差，认为线上业务会影响到实体店的生意、业绩会存在"左手倒右手"（线下生意转为线上）的情况、数字化后的门店会失去与客户之间的联系和数据、担心客户数据被共享等。安奈儿需要围绕IT工具，搭建"新价值网络"。基于这些问题，安奈儿总部的数字团队以江苏为试点，从区域心理建设、组织权限下放、导购带教支持、目标任务和激励等多维度出发，推进安奈儿数字化进程，如图6-1所示。

图6-1　安奈儿的小程序商城

（1）**强化心理建设，提升导购认知**。针对认知差异的问题，安奈儿数字团队为每个门店导购配备一个专属的小程序商城，让导购可以分享小程序商城的所有商品；导购在运营过程中，根据销售结果也可以拿到对应的佣金。此外，数字团队为门店导购组织多次培训，从课程培训、实操演示和标杆分享三方面切入，强化导购心理建设，更正导购认知。针对"左手倒右手"的情况，安奈儿要求导购在完成既定业绩之后，对于增量部分再给予奖金和提成。

（2）组织权限下放，实现利益共享。 以江苏区域为试点，成立区域小程序运营团队，总部输出每月营销规划，区域在执行品牌运营制度的前提下自主运营，包括上下架商品、改价、促销、互动活动等，从而获得更高效的发展。

（3）导购带教支持，让导购变身群主。 安奈儿尤其注重对导购的培训。首先，分角色培训，针对区域管理者进行理念升级、系统知识和管理培训；以店长为骨干进行门店管理培训，提升店长终端管理能力和闭店经营能力；针对门店导购进行 APP 操作和场景话术培训。其次，将店长培养为社群群主，并建立标准的话术、图片、文案、节奏等，创造消费氛围。

（4）从名和利出发，激发导购全域服务能力。 安奈儿制定了一套门店和导购的激励方案。在导购的激励上，除了有业绩提成，还设定了拉新激励奖，即导购每邀请一个新会员并下单，导购可以得到额外的奖励，并以日、周、月为单位，进行店铺内分组 PK，胜出的团队获得资金奖励。

二、从试点培训到行动共创

邀请试点单位参与试点方案的制定（即行动举措方案）非常关键，能有效避免试点过程中可能发生的问题。在案例中，立派公司的试点单位仅仅只是参加了行动培训，被动接受执行方案，缺少了对方案的质疑环节，导致直到执行环节才发现问题。因此，正确的做法是将行动培训改造为"行动举措共创会"。共创会的核心不是对数字设施、数字工具提出质疑和改进，而是将重点放在组织、管理、流程、资源支持等"新价值网络"提升方面。共创的方法与技巧，在本书第四章讲解过。这里提供一个行动举措共创会的研讨框架，具体为"目标—关键成功要素—关键绩效问题—改善方案—获得支持"，如表 6-1 所示。

表 6-1 行动举措共创框架

目标：

成功关键	关键绩效问题（堵点）	改善方案	获得支持
要素 1	组织问题： 流程问题： 岗位问题：	客户流程优化： 运营流程优化：	人力支持： 信息支持： 组织支持：
要素 2	组织问题： 流程问题： 岗位问题：	客户流程优化： 运营流程优化：	人力支持： 信息支持： 组织支持：

（一）找到关键成功要素

通俗理解就是为了完成目标，需要做对哪些事情。首先，它一般是面向整个行业展开，用来描述这个行业完成目标所需要具备的关键要素，而不是具体面向某个企业。不同行业因为战略、模式、流程的不同，其关键成功要素也会不同。其次，关键成功要素是企业实现目标的参照系。借助这个参照系，企业可以对比自己与行业标杆在这些要素中的表现情况，从而找到企业的短板，帮助确定未来的提升计划。如果把绩效目标比作一座大楼，那么关键成功要素就是这座大楼的承重梁。承重梁的缺失或薄弱会导致大楼不稳，甚至坍塌。我们也可以把绩效目标理解为一个健康的人体，而关键成功要素便是各种健康指标。企业的试点复盘，就好比是体检，定期对各种健康指标进行测量，及时发现问题，并提出改善方案。最后，关键成功要素是企业实现绩效目标的杠杆，利用要素杠杆可以撬动公司重大事项，带来巨大价值。公司在实现绩效目标过程中，将出现大量问题，有限的资源和精力不可能解决所有问题。此时，关键成功要素能够帮助企业识别出问题的主次，找到少数的但对目标结果起到决定作用的关键问题所在。

一般来说，一个摸爬滚打多年的企业，总能找到这个行业的几个关键成功要素，尤其通过共创的沟通机制，可以汇总大量的资深人士对成功关键的理解，同时，互联网上也有大量的行业成功要素的信息披露。比如，笔者在商业数字化方面多年，也有一套关键成功要素的参照体系，每次与客户沟通的时候，都会拿出来进行要素比对，从而快速帮客户找出问题所在。笔者的参照体系，如表6-2所示。

表6-2 新零售成功要素参照系

目标	关键成功要素		要素描述
获客导流	精准拉新	数据收集	建立线上和线下的客户数据收集体系，针对实体店铺部署：Wi-Fi探针、人脸识别等设施
		客户识别	建立用户标签体系，并通过静态标签和动态标签，对客户进行全方位画像
		精准投放	能够自定义投放人群、时间、渠道（触点）、内容、频次，实施精准投放
		效果评估	获取广告投放数据。对广告曝光、点击、最终购买等数据进行汇总，对广告效果进行评估
	裂变推荐	可控存量客户	在个人号、公众号、社群等流量池中，具备基础的存量客户，有活跃度，有意愿参与公司活动
		活动策划能力	活动有趣、好玩，可裂变，并且活动策划能够结合时事热点、有合作资源拓展能力，引入跨界联合活动
		内容制作能力	能够根据活动文案，制作活动小程序、活动图文、短视频、条漫等内容形式
		外部KOL、KOC合作	与外部KOL/KOC保持长期合作关系，能够借助他们影响力引爆推荐活动
	异业联盟		开展流量互导、积分联名、IP联名等外部合作

第六章 试点验证

续表

目标	关键成功要素		要素描述
锁客促活	导入私域流量	搭建私域流量池	传播阵地：公众号、微博、抖音/快手/小红书（半公域） 销售阵地：个人号、社群 互动阵地：线下门店
		建立触点矩阵	根据用户的体验旅程，梳理可控触点，包围用户
		触点上埋入转域诱饵	在可控触点上，设置客户加入个号、社群的福利诱饵
		存量用户转域	将公众号粉丝、会员系统会员转入微信个人号、社群运营管理
	消费型互动运营	有独特的"心因"	围绕产品卖点，梳理出给到客户的情感、心理、价值观、生活方式等独特的价值主张
		内容策划能力	围绕独特"心因"主张，能够从用户生活、情感、知识、教程、成长等方面策划内容，且内容带有鲜明的人格属性
		周期性运营	在私域流量池内，运营团队按照日、周、月内容计划，进行周期性的互动
	分销型互动运营	创业赋能体系	围绕KOC，培训产品知识、销售技巧、销售礼仪、激励机制
		营造销售氛围	懂得营造销售氛围，如鸡汤、打卡、晒单、口号、音乐
		内容制作能力	根据创业赋能体系和销售氛围体系，能够策划对应内容
		周期性运营	在私域流量池内，运营团队按照日、周、月内容计划，进行周期性的互动

续表

目标	关键成功要素		要素描述
变现	无缝交易	家店一体	支持店铺现场购、到店自提、配送到家
		上下一体	实现线上订单线下发货、自提 实现线下订单线上发货
		渠道一体	打通B2C、B2B2C各个渠道，形成渠道矩阵，并布局新的渠道触点： 小程序商城购、直播互动购、独立APP购、社交分享购、店中店触屏购、样品卡片购、VR全景购
	全渠道带货	B2C	利用平台电商、社交电商开店带货
		B2B2C	利用平台电商分销、社交电商分销，或者外卖渠道分销
		B2K2C	门店导购具备店内、店外的获客、互动、带货的综合能力 导购有能力发展社群代理/社区团长，进行分销
		短视频/直播带货	将短视频、直播作为品牌营销或带货销售的重点，公司持续投入
		实体终端小程序带货	公司终端导购能够在私域流量池中，开展小程序直播、拼团带货。 公司导购能够拓展公域流量，在线上与线下（店内、店外、社区）借助小程序商城进行带货
留客	会员管理	触点管理	对接微信、APP、商城等人流渠道，打通各渠道触点，统一管理
		标签管理	针对会员的基础信息、生命周期、购买力、影响力，进行标签管理
		权益分层	对会员建模并做价值分层 根据会员分层设计积分与权益策略
		交互分层	根据会员分层，制定不同的互动机制与内容，指定内容推送流程，开展定时、定向精准互动

续表

目标	关键成功要素		要素描述
赋能运营	业务赋能	管理赋能	为前台终端商户、导购提供各种店铺管理工具
		营销赋能	为前台终端商户提供各种营销工具,如直播、拼团、社群运营、活动小程序等
		供应链赋能	为前台终端商户提供丰富、优质、低价的商品供应,让商户灵活选择,择优销售
		内容赋能	为前台终端提供用户运营的内容与素材,实现一键转发
		业务互通	打通线上和线下不同渠道间的用户、客流、会员、商品、订单、库存
	数据驱动	经营分析	对店铺进行整体经营分析,了解客户、客流、商品的整体销售情况,找出问题和原因,为未来经营给出预测
		客户分析	洞察客户,了解客户画像、进店、停留、偏好、购买和离开各项数据,为客户营销和店铺优化提供数据支持
		商品分析	收集商品数据,提供商品结构优化、商品布局优化、商品销量预测和商品库存管理
		场区分析	能够进行区域总体分析、重点区域分析、区域销售异动分析和区域品类分析

(二)确定关键绩效问题

满足关键成功要素时,企业可能会遇到组织、流程、岗位方面的问题。

组织层面:从广义理解,指的是企业围绕关键要素的业务实现逻辑,如业务模式、业务体系、系统关系等;从狭义理解则是满足关键成功要素的组织架构。本阶段的行动共创,不是去质疑业务模式的逻辑问题,而是找到既定模式下的组织支撑体系的不足。因此,本阶段聚焦于狭义理解，也就是发现公司组织架构是否能满足关键成功要素。

流程层面： 描述满足关键成功要素的业务流程。它是组织架构的运作逻辑，为了满足某个关键成功要素，建立的跨部门的、有规律的行动步骤，如吸粉流程、销售流程、售后流程。

岗位层面： 指的是业务流程中涉及的具体岗位和人员，因为各类关键成功要素，最终都要落实到具体岗位、具体人员来完成，岗位的配置与人员的技能决定了业务流程的有效运转，最终反馈到关键要素的满足上。

比如，基于门店导购的社群直播，需要涉及公司的策划部门、终端门店、IT部等多个部门联动，按照直播前、中、后的流程进行节奏控制，并且需要策划、直播、拍摄等岗位人员配合。因此，企业在进行行动共创会议时候，可以按照这三个层面进行研讨，发现未来行动中可能存在的问题。

然后，针对提出的问题，找到改善办法，具体分为改善方案（客户流程改善、运营流程改善），以及获得支持（人力支持、信息支持、组织支持）。

（三）设计改善方案

针对前面发现的关键绩效问题，可以从"客户流程"与"运营流程"两个角度提出改善意见。客户流程描述客户的体验旅程，涵盖知道、兴趣、搜索、比较、交易、使用、评价、售后的过程；运营流程描述如何选择客户、获得客户、锁住客户、激活客户、变现客户、留住客户的过程。这两个流程在企业里都是存在的，只是不够健全，不足以支持关键成功要素。

（四）获得支持

针对前面发现的关键绩效问题，可以向公司寻求支持。支持范围包括三类：人力支持，即提供能够干事的人；信息支持，即提供能够支持流程运转的信息系统；组织支持，即提供能够激发流程执行的政策、资金与激励机制。

为了帮助企业理解以上四个关键点的衔接关系，现以直播带动销售增长为例，进行说明。表 6-3 供参考。

表 6-3 直播带货行动改善与支持

目标：直播带动销售增长

关键成功要素		关键绩效问题（堵点）	改善方案	获得支持
直播营销	合作 KOL	流程问题：没有合作过的 KOL 组织问题：组织架构中没有直播业务	运营流程：洽谈 MCN 机构、发布平台直播任务	组织支持：公司安排合作洽谈，足够的合作预算
	资源位申请	组织问题：没有提供流量协助	运营流程：资源位申请	组织支持：申请直播资源位，并安排发布直播 V 任务
	直播技巧	组织问题：没有提供话术文案 岗位问题：不懂得直播话术技巧	运营流程：策划直播话术并培训	人力支持：培养直播岗位的后备人选
	直播转化	岗位问题：不懂得如何促进购买	运营流程：策划活动、发放福利	组织支持：提供福利奖品及产品优惠
	圈粉转私域	岗位问题：不懂得如何将直播流量加微信	运营流程：福利刺激加微信、提醒用户加好友	组织支持：提供加微信的福利支持

三、试点跟踪与复盘

在试点启动前,我们通过"行动举措共创"的学习预判了可能会出现的行动"堵点",并提供了改善方案和行动支持。但计划赶不上变化,在具体的执行中仍然会出现大量难以预料的问题。因此,企业需要紧密跟踪整个试点执行的过程。最好的方式是,项目团队亲临一线观察整个过程,在现场了解试点单位的各种困难,并及时给予支持。这样,既能够表明公司的重视程度,坚定大家的执行决心,也能将问题解决于过程中,而不是等到出现了问题再质问:"为什么会这样?"

因此,可以将试点管理工作分为:跟踪阶段、复盘阶段、改善阶段。

跟踪阶段:项目团队深入参与到试点一线,以关键成功要素为参照系跟踪每个要素的执行过程,收集相关问题,并组织问题研讨。针对显而易见的问题,给予及时修复与支持;针对需要协商解决的问题,提出可能性方案,并在复盘会议现场共创解决。

复盘阶段:以关键成功要素为参照系进行复盘研讨。这个非常关键,否则大家没有共同理解,东一句西一句,难以达成共识。复盘过程,依照"行动举措共创"的流程进行,项目团队与试点执行单位一起梳理"目标—关键成功要素—关键绩效问题—改进方案—获得支持"表格,具体讨论各关键成功要素在执行中遇到哪些问题,解决问题的方案,以及实现方案所需要的支持。需要强调的是,关于组织支持、岗位支持相关的问题。由于涉及跨部门联动,因此,不要指望能在复盘会上讨论解决,而应该在试点跟踪阶段就提前预判，并联系相关部门，了解获得相关部门支持的可能性。这样便能在复盘现场给予答复，而不是"项目团队回去后商量决定，改日答复"。

改善阶段：试点单位按修正后的方案执行，项目团队跟进新方案的执行情况，并再次收集问题，准备下一轮复盘方案预演。

第七章
迈向成功

成功的路上,苦恼和喜悦是一对孪生兄弟,当苦恼出现时,请你相信喜悦会紧随而来。

第七章 迈向成功

故事-7 "6·18"考验来临

一、焦虑中的宁静

再过一天就是"6·18"了,张董带着王总和方总一行人,从华南区门店走出来,径直走向了门口的电线杆。这是他们的习惯,有事当时商议。此刻,他们内心的压力犹如路边来往行人车水马龙一般拥挤而汹涌。

销售部方总给张董递上一支烟,两人快速点上,希望借着烟的那股子劲,让心情得到片刻平复。"也给我来一支",此刻,张董和方总眼神里满是惊讶,大家把目光纷纷投向王总。平时拒烟千里之外的王总,今天居然主动要起烟来。但这惊讶眼神也只维持了一瞬间,快速转为一丝激动。他俩明白,这段时间为了落实门店数字化问题,他们真的太累了。这已经是他们这个月第16次考察门店的数字化情况了,平均每周要去4家试点门店,盯着门店的执行,并现场解决各种问题。他们如此重视、如此亲力亲为,也得益于上次失败的复盘会议的教训。

大家知道,面对数字化转型,连同老板在内的管理层不能像以前那样高高在上了。一纸方案到落地执行相距了十万八千里,再好的方案也需要一线人员贯彻执行。此时,他们身后的这家门店承担公司转型的最终反馈,是变革风暴的最前线,是公司后台到前台协同联动的最终一环,老板亲自出马,连同管理层必须亲力亲为,这

企业数字化转型指南：场景分析＋IT实施＋组织变革

场决定公司持续发展的战役实在太重要啦。

同时，他们也亟须一个样板工程，一场打赢"6·18"的样板战役，这关系到公司数字化转型的信心，也是公司转型方案的有效验证，是公司开启全面数字化的关键节点。所以，这次围绕"6·18"的数字化试点，他们必须亲手抓，哪怕是放下平日里的其他重要工作。

此刻，三人都已点上烟，相互交换着眼神，享受这难得的片刻宁静。这个画面，不禁让人想起战争片中，战士们在上阵杀敌前的那一刻，轮流抽上一口烟的场景。烟里承载了对对方的祝福，对这场战役胜利的期待与决心，接着便是奋不顾身、勇往直前的那一跃。此情此景，真的验证了"商场如战场"这句话。数字化转型虽然比不上战争的残酷，但也同样不容易。它是企业上上下下历经多年、日夜奋斗的结果；数字化转型虽然不像战争一样影响巨大，但也有公司上千人的期望寄托。正是这一家家在阵痛中转型的企业，点点滴滴汇聚成海，才保证了国家经济持续发展的动力。

"大家都是兄弟，从方案规划，IT建设到现在落地试点，跌跌撞撞走过来，都辛苦了。明天就是"6·18"，这次数字化有没有效果，就看明天了。各位兄弟，再加把劲！"张董的言语与神情，让大家再次看到了当年创业时候的"江湖气息"，一切好像回到了起点。大家相互看看对方，默默点点头。他们没有过多言语，他们是共事多年的"战友"，保持了高度的默契，彼此相互鼓励，传递坚定的、必胜的信念。

大家回到酒店，也没休息。从晚上8点开始，他们已经守在电脑前，看着"业绩面板"，盯着这4家试点门店的销售数据。

二、喜报

"6·18"一天的奋战,大家忙得不亦乐乎。在张董的带领下,他们一边看着节节攀升的业绩数据,一边调度指挥公司后台和前台的协同工作,及时处理现场发生的各类问题。他们此刻,只为一个目标——"我们要数字化转型,我们要打好这场样板战役!"事实证明,大家这几个月的努力是有成效的,四家门店当天取得了30%~50%的业绩增量,较去年同期有了显著增长。大家看到成果,开始了欢呼。

张董看到大家的欢喜,心情复杂,除了感谢大家的付出,也知道这份欢喜的来之不易,从开始完全不懂数字化,到数字化学习、数字方案规划、IT建设等,实在遇到了太多太多的问题,好在公司上下齐心,勇往直前才层层突围,直到眼下的成功。

但是,他仍不敢松懈。通过这次转型项目,他看到了公司方方面面的问题。

面对环境的快速变化,为什么公司没能提前预判数字化的重要性,安逸于现状,直到发生问题?

为什么公司上上下下的共识难以达成?

为什么公司的转型计划一次次延期?

为什么部门和部门之间有那么多"无形的墙"难以打破?

这些都是值得深思的问题。但是这次"阵痛",也给他带来了新的管理启发,在高速变化的市场、割裂的消费人群、层出不穷的科技创新面前公司需要快速学习和建设数字化能力,并将能力中台化,为公司的管理、运营、营销提供先进的数字工具,为门店、导购、合作伙伴提供先进的市场工具;公司需要沉淀"数据资产",

将数据中台化，作为公司未来业务驱动的核心生产要素；公司需要将经营重点从"货"和"场"转向以数据为依托的"人"的经营；公司需要搭建更加广阔的舞台，鼓励一线门店、年轻人试点创新，并赋予权利、资源让他们在"舞台"上大胆试错，因为他明白了"创新是地里长出来的，未来更是属于年轻人的。"

同时，张董也明白，这一次战役只是转型的节点，真正的大仗还在后面，如何借助这次样板的成功，复制到公司其他门店，尤其是那些难以管控的经销商，是他最头疼的问题。但他相信，有了前面的大量工作做铺垫、有了现实的业绩增长样板，后面的事情会容易很多。下一场"规模化复制战役"，正等待着这个团队。我们拭目以待……

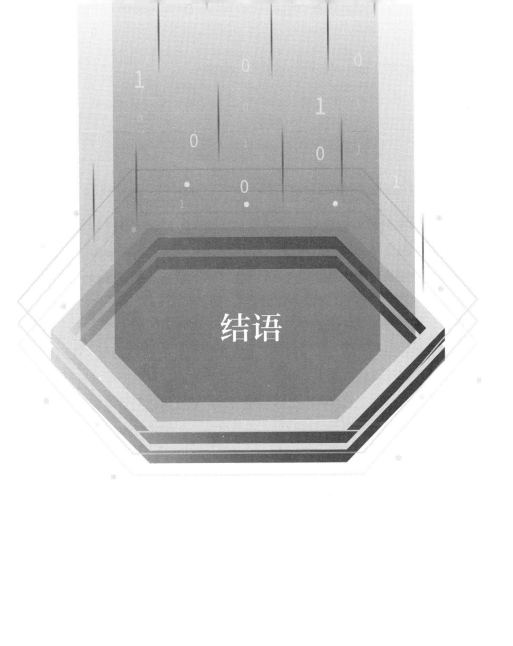

结语

企业数字化转型指南:场景分析＋IT实施＋组织变革

一、组织视角,回顾本书

本书内容主要以组织变革为主线进行展开。书中以一家服装企业立派公司为原型,介绍了公司在遭遇业绩下滑后开展转型的故事,分别从转型委员会的成立、团队的成长学习、场景共创、数字赋能、创新试点与全面复制六个阶段进行描述。

委员会成立阶段:强调了"一把手"亲自挂帅的重要性。因为数字化转型是公司战略范畴,需要资源投入与跨部门协同,并且需要市场、渠道、IT、人力等多个部门负责人共同参与。而在转型之初,达成"数字化理解与共识"是前提,项目团队需要知道转型成功的关键要素分布在目标路径、场景规划、系统建设与组织保障四个方面,并对此达成一致。

团队的成长学习:介绍了"学习"是产生认知的关键,学习让企业了解数字化转型的背景和方法,企业需要以"数字增收"为对象,掌握增收的思维、模式与场景,尤其B2K2C模式将是下一轮的增长重点。但是学习和行动中间始终存在一条难以逾越的鸿沟。这需要借助"构建主义"学习方法,即群体共创式学习来跨越。

场景共创:从共创前的准备、共创过程以及场景绘制三个方面进行介绍,引入了"双菱形"的共创模型。它以问题为出发点,经历两次发散与收敛过程,直至给出解决方案,并且将方案通过可视化、故事化的场景进行绘制,为后续的IT开发提供需求。

数字赋能:也就是IT的建设过程,讲解了合作双方在IT建设过程中遇到的冲突摩擦和解决办法,并且制定了一份IT开发手册,为没有IT部门的传统企业提供开发指引。

本书的后续两个章节,强调了"样板工程"的重要性,试点阶段要从"IT关注"转向"新价值网络关注",也就是借助试点契机,彻底疏通项目的流程堵点、绩效堵点、人员堵点以及检测IT系统最小原型的有效性,优化完善直至全面复制。

二、业务视角,回顾本书

从业务视角,用一张图对本书内容进行回顾,如下图所示。

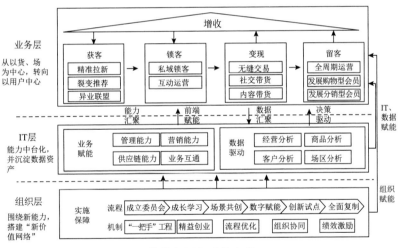

从业务视角看待本书

(一)业务层

本书强调了企业当下经营要从货、场为中心,转向以用户为中心,并且给出了用户运营的四大关键点——获客、锁客、变现与留客。每个方面都介绍了背后的机制原理，并引入实施方法论。

（1）获客：利用营销的"一拉、一推、一联"获得客户。一拉，即利用全触点埋点，吸引客户主动关注参与；一推，即利用人际关系，推荐客户参与关注；一联，即与异业伙伴进行联盟营销。

（2）锁客：强调"锁人更要锁心"。锁人，即将获得的客户转入"私域流量池"，将其锁住；锁心，即通过高频互动，投其所好，增进信任。

（3）变现：基于私域流量池，在可控的用户流量与用户信任基础上，进行商品带货。包括无缝交易、社交带货和内容带货（短视频、直播等），其中小程序带货成为关键。

（4）留客：即会员管理，挖掘客户全生命周期的价值，维护高价值客户，拓展分销型客户。

（二）IT层

IT层包含业务赋能（业务中台）和数据驱动（数据中台）两部分。其中：

（1）业务赋能，将业务层四大运营场景所需的运营能力进行IT集成，以IT工具形式对外展现，为商业企业、门店、导购、销售人员提供数字化运营能力。其中包含商业管理能力、供应链能力、营销能力以及各商业端口的打通与协同。

（2）数据驱动：将业务场景的互动与交易数据进行汇总，并结合IT算法，进行分析和提炼，为业务前端人员提供经营分析、商品分析、客户分析、场区分析等内容。方便他们了解自己的经营现状并对下步销售工作做正确的决策。

关于"业务赋能"，也可以理解成为业务前端门店和人员提供武器，以便于应对战场上各式的敌人和突如其来的变化。而"数据驱动"可以理解成为业务前端人员提供智慧大脑，让他们时刻清醒地知道战场上的敌人情况和形势变化，以做正确的战斗决策，也就是"四肢要发达，头脑要聪慧"。需要强调的是，数据资产将是企业未来可持续发展的核心，未来除传统财务三大报表外，"数据资产表"将作为重要的"第四报表"。

（三）组织层

组织层面关心转型项目能否顺利实施，包含两个重点：一个是转型的流程，也是本书的叙述逻辑；另一个是转型的机制保障，这在本书的第二章"共识"部分有讲解。

三、写在最后

本书接近尾声，理性逻辑贯穿全书，读起来一定很累吧，如果你能坚持读到这里，证明我们有缘。很多人问我："喻总，你辅导了这么多项目，为什么自己不开一家公司来独立运作呢？"我何尝不想，2003年我抱着梦想来到深圳，工作几年后便开始了创业之路直到现在。成功过，失败过，为了创业我卖了深圳的房子，结果赚的钱赶不上房价的攀升，再也买不回，于是我无奈辗转到广州。因为当时的广州房价较低，在承受范围内。网上流传的卖房创业的段子说的就是我。我也反思，"如果当年和身边大多数人一样安安稳稳上班，少些折腾，起码也有三套以上房子啦！或者在一家互联网公司上班，拿到股票一夜暴富啦！"当然，这个想法很物质，但也很真实。

经历过连续创业，痛并快乐着，我也逐渐明白了创业并不是为了财富，而是为了实现人生价值，是为了创造社会价值，财富只是顺带的。就像一些朋友和我说的："喻总，你用真金白银换来了故事啊！每次喝酒的时候，你总有这样那样的经历给我们讲。故事是无价的！创业精神是可流传的！"确实是这样，只要你坚持，把创业中的起起伏伏当成一种自然，把创业当成一种习惯，定会有成功那一天。在这个过程过程中，你会感受不一样的人生，也会结识不同的朋友。

但是，创业也是有责任担当的，在你创业之前，要为自己设置一个底线，比如不要拖累自己的家人。创业成功毕竟是小概率事件，不能因为自己让家人风餐露宿、担惊受怕，甚至用掉父母的"生存积蓄"，这都是不负责任与自私的表现。所以，有一定的物质基础与稳固的大后方是持续创业的前提。

你可能会问："喻总，你迷茫过吗？"当然，我也迷茫过。我也曾经因为创业失败否定自己的奋斗历程。一时间，我找不到内心的出路，甚至觉得所谓的"意义、梦想和快乐"只是驴头前的那个胡萝卜，碰不着，即使碰着也只是短暂的瞬间，然后又开始更高欲望的追求，无休无止。但我坚信，设置好底线后，保持胜不骄，败不馁的心态，老天终究不会辜负创业中的我们。

在起起伏伏的创业历程中，我也有幸与各大高校的教授、专家、科研人员交流，被他们的专心与宁静所打动。他们能够安心研发，不被窗外的金钱所影响，这种品质难能可贵。从这时开始，我重新立志，我要像他们那样，以"为社会创造价值"为己任。于是，我常常自省："我眼下做的这事情，能给社会创造价值吗？"逐渐地，在这个过程中，我找到了我的商业模式。我开始做咨询、培训、写书。为企业做咨询，帮助我在实践中沉淀方法论；在高校总裁班上课，我借助跟企业家的互动机会，优化方法论，并收集各种实战案例；最后，我借助出书以及自媒体，向更多人普及经过实践检验的方法论。在这个过程中，我看到了自己创造的价值，沉淀了大量资源与人脉，感受到了久违的快乐。

此时的你，是否也遇到过困惑，或者正处于困惑中呢？请把握住"为社会创造价值"的原则，时常自省，艰苦奋斗，我们一道持续求索，找到自己存在的价值，找到快乐。祝你早日成功！